KYLE GRAY

LOS ÁNGELES YA ESTÁN CONTIGO

ARKANO BOOKS

Título original: *Angels Are With You Now*

Traducción: Raquel Luque Benítez

Diseño de cubierta: Leanne Siu Anastase
Imagen: 123RF

© 2025, Kyle Gray

Publicado originalmente en 2025 por Hay House UK, Ltd.

Publicado por acuerdo con Hay House UK Ltd,
Crawford Corner, 91-93 Baker Street, Londres W1U 6QQ, Reino Unido

© Distribuciones Alfaomega S.L., Arkano Books, 2024
   Alquimia, 6 - 28933 Móstoles (Madrid) - España
   Tel.: 91 617 08 67
   www.grupogaia.es - E-mail: grupogaia@grupogaia.es

Primera edición: noviembre de 2025

Depósito legal: M. 13.338-2025
I.S.B.N.: 978-84-19510-61-7

Impreso en España por Artes Gráficas Cofás, S.A., Móstoles (Madrid)

Elogios para Kyle Gray

«Kyle Gray, con su increíble talento, es un guía tanto para la nueva generación de buscadores espirituales como para los conversos».

GABBY BERNSTEIN, número uno en ventas
de *The New York Times*

«Kyle Gray es un experto en conexiones celestiales y estas páginas lo demuestran».

Revista *YOU*

«Sentí escalofríos por todo el cuerpo. Kyle Gray, el médium más atractivo y moderno, traduce la sabiduría de los ángeles de una forma sin par, sumamente cariñosa y cercana. No podría recomendar más su brillante don espiritual».

MEGGAN WATTERSON,
autora de *María Magdalena Revelada*

«¡Kyle Gray cambia vidas!».

The Sun

«Kyle Gray es uno de los comunicadores de ángeles con más talento. Lo he visto trabajar y es auténtico, inteligente y muy compasivo. Lo recomiendo encarecidamente, tanto a él como a todas sus creaciones».

COLETTE BARON-REID, la experta en oráculos
más vendida a nivel internacional

«Me encanta Kyle Gray. Te ayuda a reconectar con todo lo que ansía surgir dentro de ti; a estar disponible para el apoyo desinteresado que ya te rodea, y a soltar, con gracia y facilidad, lo que quiere desaparecer. ¡¿A quién no le gusta esto?!».

REBECCA CAMPBELL, autora de *Tu alma está soñando,
tu vida es el sueño*, publicado en esta editorial

«Kyle Gray… tiene una conexión espiritual extraordinaria».

Dr. David R. Hamilton, autor de
How Your Mind Can Heal Your Body

«Eres un trabajador bendecido por la luz. Estoy completamente cautivada por tu don, y me alegro mucho de que tanta sabiduría haya llegado en un embalaje tan moderno. Eres justo lo que el mundo necesita ahora mismo».

Danielle LaPorte, autora de *El mapa del deseo*

«Kyle Gray es, en la actualidad, uno de los "lectores de ángeles" con más éxito del Reino Unido».

Revista *Psychologies*

«Kyle representa el futuro del bienestar espiritual; es, a la vez, profundamente intuitivo y tremendamente cercano. Creo que las futuras generaciones de buscadores y practicantes espirituales están, gracias a él, en buenas manos. Y todo ello sin dejar de molar con su nuevo par de Jordans».

Michael James Wong, exitoso autor de *Senbazuru* y fundador de Just Breathe

*Para mamá, Diane Gray, mi mayor animadora
en la Tierra y, ahora, en el Cielo, quien cruzó el puente
durante el proceso de edición de este libro.*

«Pocas veces nos damos cuenta,
hasta que nuestros abrumados ojos
ven que alas blancas apaciguan los cielos:
los ángeles están con nosotros, sin que lo sepamos».

GERALD MASSEY

Índice

1

El chico que puede ver
a los ángeles

«Nosotros, desacostumbrados al valor,
exiliados del placer,
vivimos enrollados en los caparazones de la soledad
hasta que el amor abandone su santísimo templo
y aparezca ante nuestra mirada
para liberarnos a la vida».

MAYA ANGELOU, «Tocados por un ángel»

CRECÍ EN LA COSTA OESTE DE ESCOCIA, a unos 35 minutos del centro de Glasgow, en Inverclyde, una zona conocida por la construcción de barcos y la industria, así como por haber sido el hogar de James Watt, cuyas mejoras en la máquina de vapor ayudaron a marcar el comienzo de la Revolución Industrial. Este precioso lugar del mundo se extiende a lo largo del río Clyde en su camino hacia el mar, ¡aunque también he de decir que es el más húmedo de Escocia!

Si no fuera por su triste clima —sombrío, nublado, frío y húmedo—, estoy seguro de que muchos de los turistas que exploran la zona cuando sus cruceros atracan en el puerto acabarían jubilándose aquí solo para disfrutar de estas vistas. En los escasos días soleados, verás que la gente camina por el paseo marítimo o que, sentados en sus vehículos, contemplan las colinas al otro lado del fiordo de Clyde, mientras disfrutas de nuestro mundialmente conocido *fish and chips* (¡no probarás otro mejor!). La vida en Inverclyde está rodeada de agua, desde el río hasta la bahía, pasando por el mar, e incluso el cielo.

Tengo algunos recuerdos de mi primera infancia, como el color verde lima del lavabo del baño o mis risas cuando aún estaba en la cuna, antes incluso de saber hablar. Siendo ya un poco más mayorcito, dichos recuerdos desconcertaban a mi madre. «¿Cómo sabes eso?», me preguntaba. En aquel entonces yo ignoraba lo extrañas que resultaban esas evocaciones.

Mi primer hogar se encontraba en Greenock; tiempo después, a mis tres años y medio de edad, nos mudamos a una nueva casa, más grande, situada en una de las colinas de Port Glasgow, a unos cinco kilómetros de distancia. Era una vivienda cuadrada de ladrillo visto, diseñada por mis padres, con escalones que conducían a la puerta principal y un jardín delantero en pendiente. Todo iba viento en popa: mi madre era peluquera y mi padre trabajaba para IBM.

La nuestra era una calle de matrimonios jóvenes y recién llegados que, con el tiempo, fueron haciéndose amigos. Los niños jugábamos en casa de unos y otros, y las familias se turnaban para organizar barbacoas y llevar a los pequeños a nadar o al cine. En aquella casa y en aquella ciudad a la orilla del río, vivimos una época muy bonita nosotros tres y nuestro *westie*, Tora.

Hasta que un día dejó de ser así.

Me desperté una mañana, pero no era capaz de levantarme. La semana anterior había estado con gripe, acompañada luego por dolores y cierto hormigueo en las piernas. Sin embargo, ahora se trataba de algo diferente. No podía moverme de cintura para abajo. La sensación me recordaba en cierto modo al dolor de muelas, con esa mezcla de entumecimiento y punzadas intensas. Llamé a mi madre, que acudió a mi dormitorio acompañada por mi padre. Él me cogió en brazos y, cuando me quise dar cuenta, ya nos dirigíamos en coche hacia el hospital. A los médicos les preocupaba la posibilidad de que fuera una meningitis.

Me trasladaron a un hospital infantil. Me pasé los siguientes meses entrando y saliendo de allí; me practicaron varias punciones lumbares —una de las peores experiencias de mi vida—

y todo tipo de pruebas, hasta que un joven doctor que acababa de terminar sus estudios vio mis síntomas y enseguida se dio cuenta de que tenía el síndrome de Guillain-Barré. Se trata de una afección que ataca el sistema inmunitario, apaga parte del cuerpo y provoca parálisis.

En aquella misma época, mi abuela materna, Agnes, que vivía cerca, tuvo que enfrentarse a varios problemas de salud, incluido el cáncer. Cuando regresé a casa, nada de lo que había en mi cuarto de juegos seguía allí, pues la estancia había pasado a ser un pequeño dormitorio y una sala de estar para ella, que se había mudado con nosotros. Los dos nos desplazábamos en silla de ruedas.

Prácticamente de la noche a la mañana, mi madre, además de trabajar a tiempo completo, se había convertido en la cuidadora de dos personas que dependían de ella para todo, o poco menos. Eso afectó en gran medida a la relación de mis padres, que comenzaron a discutir de manera casi constante. Las peleas eran escandalosas, y no había forma de escapar del ruido de su ira en aquella casa en la colina.

Yo estaba acostumbrado al viento y la lluvia propios de la costa oeste de Escocia, pero el frío que dejaban las tormentas de mi casa terminó por calarme hasta los huesos. Sin embargo, empezaba a darme cuenta de que había un modo de refugiarme de esa tormenta: podía adentrarme en mi propia mente.

Y es que también había atisbos de luz capaces de perforar la oscuridad que se cernía sobre Inverclyde. Nuestra vecina Margaret, una católica devota que solía visitar a mi abuela, traía agua bendita y unas medallitas de la virgen María que me tenían hechizado. A veces me llevaba a su iglesia y me ayudaba a encender una vela.

Mi abuela y yo lo pasábamos bien. En ocasiones, mi madre me sentaba sobre su regazo, en la silla de ruedas, y salíamos juntos durante horas, arropados bajo su manta roja de tartán Royal Stewart. Además, fuera donde fuera, mi abuela siempre llevaba encima un cuchillo de cocina. Había veces en las que sacaba de su bolso un gran trozo de queso y una manzana, y empezaba a cortarlos y a darme pedacitos, que yo comía con mucho gusto.

Otras veces, cuando estábamos en casa, mi abuela me hacía cosquillas en la espalda. Eso era lo que más me gustaba, pues lograba que me sintiera muy amado. Y, en medio de las risas, llegaba a pensar: «Quizá, en realidad, todo va bien».

Pero, mientras mi cuerpo sanaba, el de mi abuela seguía empeorando. Después de unos seis meses, al fin pude volver a andar, aunque ella no hacía más que entrar y salir del hospital. Margaret comenzó a cuidar de mí mientras mis padres pasaban las tardes en el sanatorio. Todos se alegraron de que yo pudiera volver a caminar justo antes de empezar mi primer año en la escuela.

Durante la primera semana de clase, Margaret se encargó de arroparme. Acababan de regalarme para el colegio una fiambrera de las Tortugas Ninja, y estaba tan obsesionado con ella que incluso quería llevármela a la cama. Pero tuve que contentarme con colocarla en la mesita de noche de mi habitación, pintada en tonos azul claro, con cortinas celestes y sábanas a juego.

Una noche, cuando Margaret estaba a punto de apagar la luz, le pedí que, por favor, la dejase encendida. No sabía por qué.

En mitad de la noche, me desperté de repente. Aunque la luz se había apagado, pude vislumbrar a mi abuela, sentada a los pies de mi cama. Era obvio que se sentía mejor, pues ya no estaba en la silla de ruedas. Olía a una combinación de aceite de Olbas y espray analgésico Ralgex. Pude percibir su amor, y entonces me acordé de sus cosquillas en la espalda. En cuanto tuve ese pensamiento, mi abuela se acercó a mí y empezó a hacerme cosquillas. Y, mientras me quedaba dormido, me sentí amado, apoyado y seguro.

A la mañana siguiente, cuando mi madre abrió las cortinas, eché un vistazo al cuarto.

—¿Qué estás buscando, Kyle?

La voz de mi madre era dulce.

—A la abuela. ¿Dónde está? ¿En su habitación?

Mi madre sacudió la cabeza; parecía molesta.

—¿Está desayunando?

Una vez más, mi madre negó con la cabeza.

—No la habéis llevado de nuevo al hospital, ¿verdad?

Me sobrevino un horrible pensamiento. En cuanto le hice esa pregunta, mi madre abandonó la habitación.

En la cocina, mientras desayunaba los cereales, yo seguía mirando por doquier en busca de mi abuela.

—¿Dónde está, mamá? La vi anoche. Entró en mi habitación cuando me desperté. Me alegro mucho de que ya no esté en silla de ruedas. ¿Dónde está?

Mi madre no encontraba las palabras para decirme que la abuela había fallecido la noche anterior. Mi padres decidieron llevarme a almorzar; ya me darían la noticia luego.

Cuando me enteré, simplemente no podía entenderlo.

—¿Cómo es posible que esté en el cielo? La vi anoche. En mi cuarto.

—Habrá sido un sueño —me respondió mi madre.

La muerte de mi abuela hizo que me volviera más abierto, a la vez que aprendía a soltar y desconectar. Esa misma semana, la relación de mis padres llegó a un abrupto fin cuando mi padre se mudó.

Cada vez que el mundo parecía un lugar inseguro, me volvía hacia mi interior. Mucho antes de aprender a echar las cartas o a adivinar el futuro de alguien, adquirí la capacidad de captar cuanto sucedía a mi alrededor. Sabía cómo notar si algo no iba bien. Nada se me escapaba, ni siquiera la más mínima expresión que pasara por el rostro de alguien en algún instante fugaz. Me encontraba hiperconectado. Hipersensible. Hiperconsciente.

Cada noche, cuando me iba a la cama, sabía que me observaban. Sentía a otras personas en mi habitación. Mucho tiempo después me di cuenta de que, de alguna manera, se había activado en mí la capacidad de ser un conducto entre este mundo y el siguiente, y que aquellos eran espíritus que querían transmitir mensajes a la gente de la Tierra. Estaba experimentando un despertar espiritual, aunque entonces no sabía cómo llamarlo.

Fue aproximadamente en esa época cuando comenzaron mis migrañas. Pude empezar la escuela, pero solía faltar bastante, a causa de esos extenuantes dolores de cabeza y de todos los medicamentos que debía tomar.

Además, cuando estaba en clase, me costaba mucho prestar atención. Los maestros decían que no escuchaba. Durante mi primer año de colegio, me hicieron un montón de pruebas de audición, pero siempre salían bien.

«Kyle es un soñador», había escrito uno de mis maestros en el boletín de notas.

Kyle es un soñador.

Era un soñador, y lo sigo siendo.

A pesar de lo que dijeran los demás, solo yo *sabía* que mi abuela había estado sentada a los pies de mi cama la noche en que murió. También sabía que, a partir de ese momento, lo cuestionaría todo y tendría que hallar mis propias respuestas.

Me convertiría en una especie de rebelde, en un librepensador.

Con el tiempo, llegaría a ser un experto en ángeles cubierto de tatuajes; un alma indómita que, con un moratón en el ojo debido al codazo de un compañero durante la clase de *jiu-jitsu* brasileño, fija ahora la mirada en las primeras páginas del borrador de su noveno libro.

Pero incluso en aquel momento sabía que tendría que plantearme las preguntas que me guiarían hacia la luz. Eso es lo que llevo haciendo durante los últimos treinta años. Y, a pesar de todo lo que ahora sé que es verdad, no he cesado en ese empeño.

◆ ◆ ◆

Escribo este libro porque es la mejor alternativa que tengo para llegar directamente hasta ti y ayudarte en tu viaje espiritual. A medida que voy aprendiendo, las respuestas a mis preguntas sobre los ángeles van cambiando e intensificándose, y por eso sigo escribiendo libros. Los ángeles están ahí para ayudarnos a evolucionar, y eso me incluye.

En ocasiones, el aprendizaje se produce mediante la búsqueda activa y el contacto con los ángeles. Otras veces, se trata más bien de dejar espacio para las repuestas que están por venir. En las siguientes páginas, hablaremos de por qué no deberías tener miedo de un encuentro con un ángel; profundizaremos nuestro conocimiento acerca de estos seres y veremos cómo han sido representados a lo largo de los años. Te ayudaré a atraerlos, a darles la bienvenida y a encontrar formas de comunicarte con ellos; además, abordaremos la manera de reconocer e interpretar las señales que nos transmiten. Al final del libro, lidiaremos con una de las cuestiones más comunes e inquietantes que la gente suele consultarme: ¿podemos los humanos convertirnos en ángeles?

Viajaremos desde una abadía construida tras una visita del arcángel Miguel, situada en una isla frente a la costa de Francia, hasta la sala de conciertos más grande de Glasgow. Visitaremos el apartamento en el que me independicé, la céntrica oficina sin ventanas donde en otro tiempo eché las cartas y la habitación en la que estoy trabajando hoy, en compañía de mis perros. Descubrirás fascinantes historias de encuentros con ángeles, como la de una niña que experimentó ocho episodios de contacto o el relato de un psicoterapeuta que, gracias a la visita de un ángel, logró importantes avances con un paciente.

Comenzaremos con una barbacoa a la que asistí cuando tenía quince años. La recuerdo como si fuera ayer, y es que, después de todo, fue el día en que mi vida cambió. Para siempre.

El superviviente

Era verano. Me acuerdo del azul del cielo, con el sol brillando fuerte, en lo alto. Los días así no eran frecuentes en Greenock. Nos habíamos vuelto a mudar allí cuando yo tenía unos ocho años.

Recuerdo que mi madre me metía prisa:

—Vamos, coge tus cosas. No hagamos esperar a Marion.

Íbamos de camino a una barbacoa a casa de su amiga, y la verdad es que yo me movía con lentitud.

—Lleva tus cartas de los ángeles —me dijo.

Esa frase llamó mi atención. Cogí la mochila a toda velocidad y nos fuimos.

Si no habías oído hablar de las cartas de los ángeles hasta ahora, puedo decirte que son, en cierto modo, como las del tarot. En las primeras, sin embargo, todos los naipes ofrecen un mensaje positivo junto a la imagen de un ángel. Mediante la intención, podemos trabajar con las cartas para recibir directrices y mensajes.

Aquella era mi primera baraja, y la tenía desde hacía poco; durante varios meses, estuve absorto en una profunda inmersión espiritual en el mundo de los ángeles. Crecí en un hogar más o menos cristiano, aunque mi padre en realidad no era practicante de ninguna religión. La familia de mi madre era presbiteriana. Su hermana June se casó con un baptista de la Iglesia de Dios y solíamos acudir al culto vespertino que se celebraba en su iglesia, que era de estilo evangélico, cerca de Port Glasgow.

También me uní a un grupo interdenominacional de jóvenes cristianos, los Boys' Brigade. Éramos como *boy scouts*, pero con desfiles, y nos centrábamos en la Biblia. Siempre comenzábamos y terminábamos nuestras reuniones semanales con una oración. Esa idea me gustaba, así que la incorporé a mi propia vida: comenzaba y terminaba mi día rezando.

Por aquel entonces, aparte de hacer ángeles con un cono de cartulina, no sabía mucho sobre ellos. Sin embargo, sí que había estado aprendiendo acerca de un Dios que quería que me comportara de una cierta manera. Ese Dios parecía juzgarme constantemente y, para ser sincero, tampoco me agradaba mucho. ¿A quién le gusta que le estén juzgando todo el tiempo y le digan que tiene que actuar de una forma determinada?

En vista de la situación, yo ya me sentía un poco fuera de lugar en el mundo. Era algo diferente a la mayoría de mis compañeros, y mis intereses siempre fueron una mezcla de estilos dispares. Por ejemplo, en el colegio, la música que te gustaba dictaba el tipo de ropa que usabas y los amigos con los que salías. A mí me encantaban Linkin Park y Blink-182, pero también adoraba a Beyoncé. No tenía un claro sentido de pertenencia.

Además, lo «oculto» siempre me había llamado la atención. Solía asustarme con los libros de la serie *Pesadillas*, y otros por el estilo. Me atraían los programas de televisión del tipo *Most Haunted* y *Crossing Over with John Edward*. Cuando llegué a la adolescencia, comenzaban a poner en la tele un programa que cambiaría la trayectoria de mi vida.

Cada lunes, después de leer la Biblia con los Boys' Brigade, regresaba a casa y veía *Buffy, cazavampiros*. Ahí había cartas del tarot, cristales, magia… ¡Madre mía! ¡Soy incapaz de explicar el impacto que esta serie supuso en mi vida! Me dio un sentido de pertenencia. Aunque se trataba de una serie de fantasía, mucha de la información que contenía se basaba en enseñanzas espirituales. Poco después me puse a investigar sobre los cristales, la magia terrestre, las líneas ley y la terapia de energía.

Recuerdo que en una ocasión hablé sobre esta serie en la escuela dominical, pero nuestro líder, que resultaba ser mi primo, terminó expulsándome. Con el tiempo, mi primo me dio un ultimátum: debía elegir entre Dios o Buffy. Y elegí… a Buffy.

Ese fue el final de mi relación con el cristianismo.

Ahora volvamos a las cartas de los ángeles. A finales de enero, cuando estaba a punto de cumplir quince años, acompañé a mi padre a visitar a unos amigos de la familia. Nos quedamos en una casa cuya dueña se llamaba Fiona.

Mi padre había comprado un billete de lotería. Coloqué sobre él un cristal verde, y Fiona quiso saber por qué lo hacía. Le dije que, como el verde era el color de la abundancia, puse el cristal encima del billete para atraer buena energía. Aunque no nos tocó el gordo, mi padre ganó diez libras, cantidad que decuplicaba su apuesta.

Entonces Fiona me preguntó si alguna vez me habían interesado los ángeles de la guarda. Negué con la cabeza y aproveché la oportunidad para contarle que me había alejado un poco de las enseñanzas cristianas, pues estaba cansado de sentirme juzgado.

Fiona me miró y añadió:

—Los ángeles son más que una idea cristiana —dijo antes de invitarme a subir a la planta de arriba.

Su habitación era completamente blanca: sábanas blancas, manta blanca y una cama supermullida que parecía una nube en el reino de los cielos. La verdad es que todo quedaba muy bien.

Nos sentamos en una esquina de la cama. Fiona sacó unas cartas de una bolsa de terciopelo y las dispuso sobre la superficie.

—Pon las manos sobre las cartas —me dijo—. Cuando sientas calor, coge la que tengas justo debajo. Tu ángel de la guarda te transmitirá un mensaje.

Hice lo que me indicó y, curiosamente, percibí cierta calidez al tocar una carta determinada, así que la cogí.

Al girarla, pude leer *Sincronicidad*. No era un término que me resultara familiar, pero la carta señalaba que todo lo que ocurre en la vida forma parte de un plan divino. Más tarde busqué el significado de esa palabra, y comencé a escucharla y leerla con bastante frecuencia. Me acompaña desde entonces.

Y es que surge un momento en el que te das cuenta de que existe algo más. La autora y fundadora de mi editorial en lengua inglesa, Louise L. Hay, denomina esto *demostración*.

Y yo tuve una.

De la noche a la mañana, me obsesioné con los ángeles y comencé a leer todo lo que encontraba sobre ellos. Una de las cosas más importantes que aprendí fue que pueden ayudarnos en nuestro día a día, pero, como respetan nuestro libre albedrío, nunca se impondrán. Sin embargo, siempre podemos invitarlos a entrar en nuestras vidas.

También leí que, si meditas en silencio antes de hacer una petición a un ángel, es más probable que obtengas una respuesta. Así que decidí empezar a sentarme tranquilamente cada día y visualizarme cubierto de una luz dorada que descendía del cielo. Después, pronunciaba una simple plegaria: «¡Ángeles, si estáis ahí, sanad mis dolores de cabeza!».

Mis padres lo habían intentado todo. Una dieta sin lácteos. No comer chocolate. Nada de televisión por la noche. Beber más agua. Suplementos de magnesio. Medicación. Cualquier cosa que tuvieran a su alcance. Los médicos suponían que se trataría de un daño nervioso o de algún tipo de alergia, pero nunca conseguimos llegar al fondo del asunto. ¿Podrían ser de ayuda los ángeles?

Cuatro o cinco días después del inicio de ese ritual, me desperté sin dolor de cabeza, y tampoco me dolían los ojos. Salté de la cama para ir a la escuela —tarde, como de costumbre— y, mientras me apresuraba por el camino, me di cuenta de que todo parecía... más brillante.

A partir de aquel momento nunca más volví a tener migrañas. ¿Fue un milagro? Lo cierto es que, para mí, sí.

Desde el día en que escogí la carta *Sincronicidad*, supe que debía tener mi propia baraja de ángeles. Mi cumpleaños fue en febrero, así que compré unas cartas en la librería con unos vales que me habían regalado. ¡Mi propia baraja de ángeles! La cuidaba como un tesoro. Aún la conservo, guardada en una pequeña bolsa de terciopelo.

Comencé a echarles las cartas a todo el mundo. Si iba a casa de un amigo, se las echaba a su madre, a su tía o a su abuela. En definitiva, a cualquier persona dispuesta a ello, incluso a algunos profesores de la escuela. Llegué a un acuerdo con mi profesora de gimnasia: si le echaba las cartas, podía saltarme las carreras de cinco kilómetros.

En realidad, no sabía lo que estaba haciendo, pero improvisaba. Consultaba el manual y ayudaba a la gente a entender la carta que habían elegido. Llegó un momento en que ya no necesitaba acudir al libro, pues conocía el significado de cada naipe. Ahora comprendo que por aquel entonces solo había explorado una pequeña parte de lo que las cartas podían ofrecer, pero, a pesar de ello, lo cierto es que ya empezaba a recibir comentarios positivos sobre la exactitud de mis predicciones.

Bueno, llegados a este punto, puede verse cuál era mi situación el día de la barbacoa y por qué estaba tan impaciente por coger la baraja y unirme a mi madre en su trayecto hacia la casa de Marion.

Marion vivía en un bloque de apartamentos que contaba con un jardín comunitario en el que había varias mesas de pícnic. En una de ellas, Marion ya había extendido el mantel y dispuesto un montón de tápers. Encendieron la barbacoa.

Poco después empezó a llegar más gente, incluido el compañero de trabajo de Marion, Philip, junto a su pareja, Jamie.

—Siempre tarde, pero con estilo —dijo Marion saludando a la pareja.

—El tráfico de la ciudad. ¡Terrible! —Philip le entregó a Marion una botella de vino blanco.

Ensalada de patatas, jamoncitos de pollo, atún, maíz, pasta… En esa barbacoa había de todo.

Mientras comíamos, empezamos a charlar sobre lo que habíamos estado haciendo los últimos días. En un momento dado, Philip miró al otro lado de la mesa y captó mi atención:

—¿Qué has hecho tú, Kyle? Dice tu madre que has estado volcado en cosas esotéricas.

—Bueno, supongo que sí—le respondí—. Me interesan mucho los ángeles de la guarda y empleo las cartas para recibir sus mensajes.

Philip pareció algo sorprendido; no había oído hablar de ese tipo de cosas. Le conté un poco acerca de mi experiencia con los ángeles y le expliqué que mis dolores de cabeza habían desaparecido milagrosamente tras pedirles ayuda.

Mi madre se unió a la conversación:

—Deberías dejar que te eche las cartas, Phil, se le da bastante bien. ¡Ha acertado con todo lo que les ha dicho a las chicas del trabajo!

Philip me concedió una oportunidad, y a Jamie también se le veía con ganas.

Empecé echándole las cartas a Philip. Resultó ser una visión general de la vida, nada especial. Sin embargo, fue la lectura con Jamie la que provocó en mí un despertar espiritual.

La inquietud que Jamie sentía cuando comencé la lectura era más que evidente. Extendí las cartas por la mesa y le pedí que colocara las manos sobre ellas. Después, puse mis manos sobre las suyas.

—Solo piensa si hay algo con lo que te gustaría tener ayuda —dije tras cerrar los ojos; pasados uno o dos segundos, añadí—: Si hay ángeles aquí y ahora, quiero sentiros. Si hay ángeles aquí y ahora, ayudadme a trasmitirle un mensaje.

Puse en práctica lo que había aprendido por Buffy: en esencia, invoqué a los espíritus tal y como hacían en la serie, pero sustituyendo *espíritus* por *ángeles*; tenía la esperanza de que eso funcionara.

Con los ojos aún cerrados, escuché algo de música, pero no era ni un himno ni un avemaría. Era «Survivor» [«Superviviente»], la canción de Destiny's Child que había salido el año anterior.

—¿Oyes eso?

Abrí los ojos.

—¿El qué? —preguntó Jamie.

Le dije qué canción estaba oyendo, pero él negó con la cabeza. Cerré de nuevo los ojos y me dirigí al ángel, si es que había alguno:

—Muéstrate. Si hay un ángel aquí, da a conocer tu presencia.

Abrí los ojos, pero no estaba preparado para lo que pasó entonces. Detrás de Jamie había una luz que comenzó a dirigirse hacia mí; de repente, a mi derecha y a su izquierda, apareció una gigantesca columna luminosa, con grandes ojos negros y huecos. Me recordó a la película *Cocoon*.

Mientras contemplaba al ángel, noté que este no me miraba a mí, sino *en* mí. Estaba claro que no había forma de ocultar nada. No puedo evitar estremecerme mientras escribo esto. Sentí que me veían de una manera que ni siquiera hoy consigo describir. Fue como si la historia de toda mi vida quedara a la vista. Al mismo tiempo, en mi cabeza podía escuchar una voz realmente severa que me decía: «Dile a este hombre que es un superviviente».

—Eres un superviviente —le dije a Jamie.

—¿Cómo?

—Que eres un superviviente —repetí.

—¿Qué quieres decir con que soy un superviviente?

En mi cabeza, estaba haciendo llegar el mensaje. De repente, la presencia luminosa comenzó a proyectar en mi mente imágenes fugaces de Jamie intentando quitarse la vida.

Entonces empecé a hablar muy rápido, con una voz casi incontrolable:

—Intentaste abandonar tu cuerpo. Intentaste dejar la Tierra. Pero hay algo que te retiene aquí. ¿Querías abandonar tu cuerpo? ¿Has intentado suicidarte?

Jamie se puso de pie y se ajustó su polo negro.

—Basta, basta. Esto es demasiado. ¡Para!

Y el ángel se desvaneció.

—Esto ha sido demasiado —añadió Jamie de nuevo—. Te has pasado de la raya.

Le susurró algo más a Philip; luego se dirigió a Marion y señaló:

—Nos volvemos a casa.

Y se marcharon.

Mi madre quiso saber qué había ocurrido, pero todos los libros que había leído sobre los ángeles me enseñaron que existe un código de confidencialidad de las lecturas.

—Le dije lo que estaba captando y creo que no le gustó.
—Eso fue todo lo que le conté.

Más tarde me enteré de que Jamie había intentado suicidarse en múltiples ocasiones, pero siempre hubo algo que lo impedía. En una ocasión, trató de ahorcarse y se despertó separado de la soga.

Después, mi madre se enteró de lo ocurrido por medio de Marion, quien a su vez lo supo por el propio Jamie. Se corrió la voz de teléfono en teléfono. Al día siguiente, la gente empezó a llamar a mi madre preguntándole:

—¿Tu hijo es el chico que puede ver a los ángeles? Me gustaría hablar con él.

2

No tengas miedo

«Si supieras quién camina a tu lado
por la senda que has escogido, sería imposible
que pudieses experimentar miedo».

*Un curso de milagros**

AQUEL PRIMER ENCUENTRO con un ángel fue bastante intenso y terminó con Jamie pidiéndome que parara. Sin embargo, es más que evidente que esa experiencia no me quitó precisamente las ganas de adentrarme en la exploración espiritual. Aun así, admito que siempre he tenido un poco de miedo a la oscuridad, a lo invisible.

Es difícil no tener miedo cuando se trata de asuntos espirituales, pues los medios de comunicación siempre han representado esta temática como algo aterrador. Si has visto *Ángeles en América*, sabrás que la famosa escena en la que Prior, el protagonista, se encuentra con un ángel dista mucho de ser una secuencia delicada. Si no has visto esta miniserie —aunque deberías—, has de saber que, en esa escena, la habitación empieza a temblar, la lámpara estalla en llamas y la cama comienza a sacudirse casi hasta levitar. Prior se aferra a ella como si estuviera sobre una tabla de surf en la cresta de una ola incontrolable. Al final, el techo se derrumba y todo a su alrededor se desploma. Cubierto de pólvora, Prior levanta la mirada para ver cómo

---

* Foundation For Inner Peace, *Un curso de milagros* (trad. de Rosa María Wynn y Fernando Gómez), Novato (CA), Foundation For Inner Peace, 2018, p. 429. *(N. de la T.)*

desciende ante él un ángel, con sus gigantescas alas extendidas, que proclama: «El mensajero ha llegado».

No sé tú, pero ¡a mí esta experiencia me asustaría muchísimo! Lo cierto es que esta clase de representación es común en todo tipo de libros o películas, con personajes que son presentados como víctimas de unas circunstancias en lugar de como creadores de su propia historia. A muchos de nosotros nos han enseñado que, si entramos en contacto con un ser externo a nuestro mundo tangible, también seremos víctimas.

Eso no es todo. Muchas religiones nos inculcan que las experiencias esotéricas, incluido el acto de hablar con espíritus, son demoníacas. Aunque la oración al ángel de la guarda es la favorita de muchos católicos, los baptistas te dirán que no hables directamente con tu ángel. Quienes hemos crecido en entornos religiosos más tradicionales a menudo escuchábamos: «¡No deberías entrometerte en el mundo oculto! Eso es pecado, es adoración al diablo, ¡es satánico!».

Ciertamente, todo esto pone los pelos de punta. No me extraña que nos asuste. El patriarcado quiere hacernos sentir impotentes, y esa dinámica se refuerza a través de un tipo de imaginería en la que los encuentros con lo desconocido son representados como algo traumático, abrumador y fuera de nuestro control. Muchas personas se benefician de que no seamos conscientes de nuestro propio poder. Es más fácil dominarnos y gobernarnos cuando tenemos miedo y no nos sentimos capaces de tomar decisiones sobre nuestras vidas. Por otro lado, cuando nos convertimos en nuestros propios visionarios, estamos abocados a tomar el mando de nuestras vidas, y esto, para algunos, ¡es *realmente* aterrador!

Por tanto, teniendo en cuenta todas estas espantosas representaciones y advertencias de adoración al diablo, ¿cómo es posible que no haya más gente que afirme que un encuentro con los ángeles puede resultar terrorífico? Empiezo a pensar que una de las principales razones es que el miedo se considera una debilidad. Desde luego, el temor puede estar presente, pero hubo un tiempo en el que me preguntaba: «¿Soy el único que se asusta? ¿Alguien más se siente así?».

A los quince o dieciséis años, le hice esta misma pregunta a una de las médiums de la Iglesia espiritualista. El espiritualismo es un movimiento religioso basado en la creencia de que aquellos que habitan el mundo espiritual son capaces de comunicarse con los vivos. Cuando mi madre vio en el periódico el anuncio de una reunión espiritualista, decidimos ir. Se trataba de la misma médium que acabo de mencionar, quien, una vez más, dio nombres, fechas, lugares y direcciones precisos; también describió con gran detalle a la persona con la que se estaba comunicando al otro lado. En ese mismo instante, le dije a mi madre que esa era exactamente mi misión en la Tierra.

Más tarde, yo mismo transmití mensajes en la iglesia espiritualista, y eso me enseñó a hablar en público y a rezar a la vista de todos.

Para acudir a las reuniones, solía compartir coche con una médium llamada Tillie (diminutivo de Matilda). Al principio conducía ella, pero, en cuanto me saqué el carné y pude empezar a coger prestado el coche de mis padres, era yo quien pasaba a recogerla. Tillie era una mujer peleona que rozaba los noventa años. Cuando se reía, sus dientes postizos chocaban entre sí. A menudo asistía a las reuniones con un andador, pero, cuando realizaba alguna demostración práctica de una curación espiritual o canalizaba un mensaje a la congregación, no requería nada de ayuda. Casi parecía que unos ángeles invisibles le daban fuerza para asumir el papel de servicio y esperanza que tanto amaba.

Una noche de finales de verano, llegamos pronto con la intención de ayudar a preparar el té y el café para los feligreses; entonces le pregunté si alguna vez había tenido miedo a ver seres espirituales.

—¡No! —me dijo con una sonrisa burlona—. Son los vivos los que me asustan.

Aunque me creí cada una de sus palabras, no me sentía especialmente identificado con ellas. Todo lo que yo podía hacer era decirme a mí mismo que tal vez algún día superaría esa incertidumbre.

Creo que se puede aprender mucho de plantar cara a ese miedo de frente. Con esto me refiero a que hablamos de algo realmente poderoso. No se trata de contemplar un sentimiento de terror tan común como el que experimentamos antes de hablar en público. He dado charlas delante de cinco mil personas y, aunque el ascendente en Leo de mi carta astral dice que nací para ser el centro de atención, aún me pongo nervioso cada vez que subo al escenario.

Hace no mucho, fue precisamente sobre un escenario, durante el Congreso Mundial sobre Ángeles celebrado en Hamburgo, Alemania, donde admití que, cuando leía sobre ángeles a altas horas de la noche, solía inquietarme por si aparecía alguno.

Entonces planteé la pregunta que normalmente suelo hacer llegados a este punto: «¿A quién de aquí le da miedo ver a un ángel?».

Por norma general, nadie levanta la mano. La siguiente pregunta fue: «¿Quién ha estado leyendo algún libro sobre ángeles mientras pensaba: "Me encantaría saber que estás aquí, pero, al mismo tiempo, mejor no aparezcas ahora, ¿vale?"».

El público al completo levantó la mano y comenzó a reírse a carcajadas.

A través de este tipo de conversaciones, empecé a conocer a mucha gente que pensaba que, aunque la idea de tener un encuentro con un asombroso ser encapuchado era fascinante, también asustaba un poco.

¡Así que no era el único que creía eso! Fue todo un alivio descubrirlo.

Si este también es tu caso, quiero contarte algo que he aprendido durante las dos décadas que han transcurrido desde aquellas reuniones con Tillie; espero que te resulte reconfortante. Tiene que ver con el libre albedrío. Los ángeles —y todo el mundo espiritual— solo actúan de acuerdo con tu libre albedrío. Así de poderoso eres.

Los ángeles no entrarán en tu vida a menos que les des permiso. De hecho, si notas que entra en tu espacio algún tipo de energía indeseada, puedes tomar la decisión de rechazarla.

◆ ◆ ◆

Llegados a este punto, es un buen momento para hablarte de María, la madre de Cristo. Ya sabrás cuánto la adoro si has leído algunos de mis libros, o si conoces el baño de la planta superior de mi casa —que está repleto de iconografía mariana—. En cualquier caso, tanto si crees en las Escrituras como si no, pienso que su historia puede ayudarnos a considerar el miedo en el contexto de una experiencia espiritual.

Quizá la primera vez que oí hablar de María fue cuando Margaret llevó aquellas Medallas Milagrosas y las dejó junto a la cama de mi abuela. Desde entonces, en los peores momentos de mi vida —como dice la canción de The Beatles—, María ha estado conmigo.

Ahora remontémonos al mundo antiguo, a una pequeña localidad llamada Nazaret, no muy lejos del mar de Galilea, regentada por el Imperio romano. Se trataba de un pueblo aislado, rodeado por colinas, que no formaba parte de ninguna ruta comercial importante. Los grandes acontecimientos tenían lugar en Jerusalén.

Allí, una joven judía llevaba una vida tranquila junto a su familia. Estaba comprometida con un hombre llamado José. Un día, recibió una visita del arcángel Gabriel, quien le reveló que sería la madre de Jesús, el futuro hijo de Dios. Todo un mensaje para una joven y devota judía.

———————————— ◆ ————————————

Los arcángeles son como los jefes
de los ángeles: gobiernan sobre todos
los ángeles de la guarda.

————————————————————————————

Es muy probable que Gabriel fuera Gabrielle o que, en cualquier caso, se mostrara con una apariencia femenina. Todo apunta a que las descripciones femeninas de los ángeles pasaron en algún momento a ser masculinas para reforzar el sistema patriarcal. Siempre que tengo la oportunidad, hago campaña a favor de mujeres espirituales que puedan emerger. Puedes llamarme feminista si quieres. Por cierto, recurriendo de nuevo a una película, el papel de Gabrielle está perfectamente interpretado por Tilda Swinton en *Constantine*. Pero volvamos a nuestra historia.

—No tengas miedo —fue lo primero que Gabrielle le dijo a María.

Esa frase siempre me ha perseguido. Quizá porque, durante mucho tiempo, *sí* que tuve miedo. Gabrielle también le dio a María una razón para no asustarse:

—Soy un ángel del Señor.

Esto es muy importante, así que vamos a detenernos un momento. Lo que estaba sucediendo era realmente increíble.

He pasado mucho tiempo reflexionando sobre las palabras de Gabrielle. He leído todo lo que he podido sobre María. He devorado *Alone of All Her Sex: The Myth and the Cult of the Virgin Mary*, un libro profundo escrito por Marina Warner[1]. Esta obra nos ayuda a entender por qué María asumió esa especie de papel de diosa ecuménica y cómo lo que ella representa es probablemente lo que el mundo necesita ahora más que nunca.

Recuerdo estar en la cama una noche, rodeado de libros espirituales, con un pensamiento recurrente en mi cabeza, las mismas palabras una y otra vez: «No tengas miedo. No tengas miedo».

No sé por qué me obsesionaban tanto. ¿Quizá porque de ahí surgió la idea de libertad?

¿El motivo? Gabrielle aparece descrita como «ardiendo en llamas». No olvidemos que hablamos de hace miles de años, cuando no había fuentes de luz artificiales. La única fuente de luz era el fuego, incluyendo el sol. Por tanto, aquella joven debió de haber pasado por una miríada de sensaciones sobrecogedoras cuando vio aparecer a aquel ser. Seguramente sintiera miedo al principio, o tal vez se cuestionara si lo que tenía frente a sus ojos era real.

El ángel le daría un tiempo para asimilar la situación. ¿Pero por qué le diría a María que no tuviera miedo? ¿Sería porque ella era humana y estaba experimentando un encuentro con una criatura sobrenatural? ¿O es que hay algo que se nos escapa? En aquella época, los únicos que podían tener encuentros con los ángeles eran los rabinos y los profetas (en otras palabras, los hombres que disponían de gran poder). María era una joven normal y corriente, una judía que vivía en un pueblo agrícola de lo más común. Ni siquiera era hija de un rabino. Y aun así tuvo esa visión. ¿Puede que esa fuera la razón de su miedo?

¿O había algo más? La verdad es que tiene que resultar muy impactante ver cómo un ser de estas características desciende a saludarte. Fue tan asombroso para María como lo sería para nosotros. Pensar que un ángel de la guarda nos vigila constantemente puede resultarnos perturbador, pues estamos acostumbrados a la privacidad, al menos cuando no estamos conectados a Internet.

Y quizá esta sea la parte más aterradora, el hilo que teje todo este libro: si aceptamos que los ángeles nos guíen —si permitimos que la ayuda angelical entre en nuestras vidas—, estaremos recibiendo con los brazos abiertos un poder que va acompañado de cierta responsabilidad. Tenemos a nuestro alcance una vida de devoción, rebosante de un sentido sumamente profundo, mucho más de lo que podemos medir o capturar mediante análisis de datos o con la cámara de nuestro iPhone. Esto es extraordinario, en el significado más puro de la palabra. Pero también conlleva aceptar que hay un propósito en nuestra vida y que debemos esforzarnos al máximo por cumplirlo.

Para aquella joven de Galilea, esto suponía convertirse en la madre de Cristo. ¡Eso es algo muy gordo! Al fin y al cabo, Jesús llegó a ser el rey de reyes para muchos.

Esta fue la reflexión sobre el libre albedrío que me surgió mientras estaba sobre el escenario durante aquel Congreso de Ángeles celebrado en Salzburgo. Todas las horas que había pasado leyendo, maravillándome y examinando las palabras de Gabrielle concluyeron en un momento *¡Ajá!*, justo cuando me encontraba hablando en público: «María no tenía por qué estar de acuerdo con el ángel».

Tenía la opción de escoger. Como todos sabemos, aceptó la oferta: «Hágase en mí según tu palabra»*.

Y esto es una lección para todos nosotros. Cuando tenemos un encuentro con un ser angelical, también tenemos delante de nosotros una decisión que tomar. Podemos elegir entre aceptar o no lo que implica la situación en cuestión. Por tanto, en resumidas cuentas, el encuentro angelical de María es una historia de elección.

Es cierto que asusta un poco saber que, una vez que aceptas la llegada de los ángeles, tu vida nunca volverá a ser la misma. No voy a mentirte. Y es que los cambios *dan* miedo, ya que suponen una responsabilidad. Es más fácil ser un seguidor que un líder.

Tampoco resulta fácil ser diferente. «¿Quién es ese tipo que dice que puede hablar con los ángeles? Está delirando».

Cuando tenía unos veinte años, llegué a un punto en el que dejé de «hablar con los ángeles». Creo que uno de los aspectos tóxicos de mi vida es mi deseo de agradar; no quería seguir siendo el bicho raro.

De hecho, ser el *chico ángel* estaba resultando agotador por diversas razones. Todo el mundo buscaba algo de mí: «Léeme el aura», «Léeme la palma», «Dime algo», «Demuestra lo que vales».

---

* Lucas 1,38. Todas las citas bíblicas han sido tomadas de la edición de la Conferencia Episcopal Española, que puede consultarse en línea a través de este enlace: www.conferenciaepiscopal.es/biblia. *(N. de la T)*

Así que decidí aceptar un empleo como director de eventos en un hotel de Glasgow durante el día, mientras los fines de semana me puse a trabajar de DJ. La verdad es que todo sucedió muy rápido: un chico de un club que me encantaba me contrató de inmediato, gané el concurso de DJ superestrella de un famoso festival escocés, firmé con una agencia y, al poco tiempo, tenía la agenda llena de bolos en los que yo llevaba la fiesta. Era muy guay.

Eso es lo que la música me daba.

Pero los ángeles nunca se alejaron.

Una noche, tras regresar a casa después de pinchar, empecé a leer un libro de Diana Cooper. Estaba comenzando el capítulo 5, titulado «Plumas», cuando una pequeña pluma cayó del libro y una luz invadió la habitación; entonces me sentí amado. Me quedé dormido en ese sentimiento y, al despertarme a la mañana siguiente, había junto a mi cama un gigantesco ángel negro equipado con una armadura.

«¿Por qué estás aquí?», pensé. ¿Acaso quería ver aquello, fuera lo que fuese? ¿Y qué pasó con lo de ser el chico guay?

Creo que los ángeles me estaban preguntando: «¿Quieres que seamos más importantes en tu vida o no? ¿Quieres continuar este viaje espiritual?».

Ese fue el momento en que dije «sí» a los ángeles.

Más tarde, ese mismo día, recibí una llamada del periódico *The Scottish Sun*: estaban buscando un columnista. Ese fue el comienzo de un camino que me llevaría a viajar por todo el mundo hasta llegar finalmente a esta página. Este mismo viaje me sigue dirigiendo más allá, sobre los escenarios, a través de acuerdos editoriales internacionales; también hacia la lista de los más vendidos de *The Wall Street Journal*. Pero el aspecto clave de la experiencia es mirar hacia el interior. Si te adentras en tu propio interior, podrás tener todo lo que crees que yo tengo (o al menos todo lo importante). Y no me necesitarás para conseguirlo. Mis oraciones no suenan más alto que las tuyas. Los ángeles están contigo ya.

¿No te parece que la contemplación es increíble? Y mejor aún: los ángeles están a tu disposición. Además de ser alegres y divertidos, son el tipo de energía que a cualquiera le gustaría tener a su alrededor.

Cuando somos conscientes de que los ángeles están con nosotros, cuando dejamos entrar el amor a pesar del miedo, estamos invocando a la luz. Estamos aprendiendo a *convertirnos* en luz. Y, al final, con tanta luz y amor ya no hay cabida para el temor.

———————— ◆ ————————

Allá donde está presente el amor,
el miedo es un extraño.
La próxima vez que tengas miedo,
piensa en tus seres queridos.

A muchos de nosotros nos asusta tanto el miedo que nos privamos de experimentar algo que nos traería paz y felicidad. Nos resistimos a entrar en un santuario que está permanente abierto para nosotros en cualquier lugar.

Dicho santuario, ese paisaje interior, es un espacio de introspección, paciencia, práctica y calma. No es un ruidoso ambiente donde nos guiamos por la productividad, nos centramos en el exterior y no paramos de establecer nuevas metas. No critico el hecho de proponernos objetivos —yo mismo lo hago a menudo, y es así como siempre he dirigido mi carrera—; este tipo de enfoque puede resultar fructífero, como he podido comprobar a través de amigos y otras personas cercanas. Lo que sí critico es que no nos demos tiempo para explorar. Como verás en los siguientes capítulos, me gusta mantenerme en la incertidumbre. Para mí, ese es el espacio más generativo.

Pero ¿qué opinas tú?

No tienes por qué responder de inmediato. Tómate tu tiempo para reflexionar, quizá veas las cosas de una manera diferente. Y yo agradezco tu experiencia. Esa es mi versión de vivir una vida en la que los ángeles están presentes. Una idea que quiero dejar clara es que no soy más especial que tú. Es cierto que llevo dos décadas demostrando que puedo ponerme en contacto con los ángeles, y que he ayudado a muchas personas a abrir un canal hacia sus ángeles y sus seres queridos fallecidos. Pero la conclusión que espero que saques de esto no es que los ángeles están *conmigo*, sino que están *contigo*.

Sí, *contigo*. Todo lo que tengo también puede ser tuyo. Yo no poseo un acceso preferente. Todos procedemos del mismo lugar, desde el más poderoso de nosotros hasta el que menos poder tiene. Nadie es más sagrado que el resto. El amor no olvida a nadie.

Creo que algunos de nosotros hemos experimentado encuentros con ángeles, pero no los hemos identificado como tales. Puede que le hayamos dado una explicación diferente a esa experiencia, tal y como hicieron mis padres cuando me dijeron que ver a mi abuela sentada a los pies de mi cama había sido un sueño.

Ya hemos visto que nuestro miedo a los ángeles puede haber sido inculcado a través de películas, libros, familiares, profesores o incluso párrocos. Pero la responsabilidad en sí misma ya da miedo; el libre albedrío no es para cobardes. Como dijo Elizabeth J. Andrew en su libro *Writing the Sacred Journey*: «Tememos nuestro poder creativo. Nos estremecemos ante la influencia en potencia que tienen nuestras propias voces»[2].

Sí que tienes poder de decisión. Tienes la opción de vivir de manera pasiva o activa. Puedes dejar que otros dicten el rumbo de tu vida, o puedes optar por elevar tus vibraciones, adentrarte en ellas y empezar a hacer que las cosas sucedan. Los ángeles estarán contigo, a solo un paso de distancia, decidas lo que decidas.

Si quieres ponerte en contacto con ellos, te invito a adentrarte en una esfera más tranquila. Los sentimientos brotan cuando les damos tiempo; en mi opinión, los sentimientos son la esencia de nuestras relaciones con los ángeles, al igual que lo son de cualquier otra relación.

He tenido revelaciones en pleno escenario frente a miles de personas, pero también he vivido momentos en los que he llorado solo en mi habitación durante una tormenta. Y creo que toda la serenidad que he introducido en mi vida es lo que me ha llevado por el camino correcto, un camino que me ha permitido tener esas revelaciones y establecer muchas de las conexiones vitales más importantes que tengo.

Lo que quiero decir con esto es: «No tengas miedo de estar solo».

Porque no lo estás.

Espero que las directrices que te proporciono y las cuestiones que abordo en este libro te ayuden a establecer una relación más cercana con los ángeles; no olvides que ellos siempre han estado junto a ti.

Cuando empecé a escribir este libro, me encontré con una caja repleta de cartas que recibí durante mis tiempos como columnista en *The Scottish Sun*. Aunque resultaba bastante extraño leer lo que la gente me había enviado en aquella época, muchos de los mensajes me parecieron realmente alentadores. Una mujer escribió: «Siento una felicidad que no había experimentado en mucho tiempo. Y eso es gracias a ti, Kyle».

La mayoría de la gente me decía que se volvían superpositivos después de las lecturas, aunque otros estaban decepcionados. Una de las cartas era de un hombre llamado Alistair. En nuestra sesión logramos ponernos en contacto con su esposa, que había fallecido unos años antes, y haber pasado por esto lo marcó muchísimo. Alistair me estaba profundamente agradecido por haberle dado la oportunidad de contactar con su querida esposa; sin embargo, en la carta me decía que aún no había sido capaz de superar su muerte. «La visualizo a mi lado y percibo su amor». Escribió que, pese al consuelo de haberla visto y sentido, «los días son largos y las noches, oscuras».

Los días son largos y las noches, oscuras.

Seguramente María, la madre de Cristo, también tuvo días largos y noches oscuras, como todos nosotros.

Mientras escribo, me encuentro en el hemisferio norte, donde ahora los días se van alargando. Y no poseo ningún remedio para el dolor de la experiencia humana. Ni siquiera los ángeles lo tienen. A pesar de esto, fue precisamente el dolor lo que me llevó hasta ellos. Todos tenemos que enfrentarnos a períodos de nuestras vidas en los que los días son largos y las noches, oscuras. Solo puedo decir que doy las gracias por que no tengamos que superarlos solos.

3

¿Quiénes son los ángeles?

«Todo aquel que haya vivido un encuentro angelical ha visto algo diferente a cualquier otra persona que también haya vislumbrado o experimentado un ángel».

EILEEN ELIAS FREEMAN

¿QUIÉNES SON ESOS SERES que nos acompañan en todos los altibajos de la vida?

La primera vez que escuché hablar de los ángeles fue durante mi primer año de escuela, justo antes de Navidad. Me eligieron para representar a uno de los tres Reyes Magos en una obra de teatro. Una chica de pelo rubio interpretaba al ángel Gabriel. Estaba muy guapa; llevaba una túnica blanca, delineada con un lazo brillante, y un halo de espumillón flotando sobre su diadema.

Aquel diciembre preparamos en clase un ángel para colocarlo en lo alto de nuestro árbol de Navidad. La maestra nos dio a todos un cono de cartulina con el que hicimos la cabeza y el cuerpo; también nos animó a cortar unas alas de papel para decorarlas con brillantina y pintura y pegarlas luego en el cono.

Ya en casa, tras terminar de colgar todos los adornos, mis padres me auparon para que pudiese poner el ángel en lo alto de nuestro árbol.

—¿Quiénes son los ángeles? —les pregunté, satisfecho por cómo había quedado mi figura, enclavada sobre aquella rama verde.

Pero sus respuestas fueron confusas. Recuerdo que me dijeron algo así como:

—El ángel que está sobre el árbol nos protegerá. ¡Y también vigilará tus regalos!

Pues bueno… eso no me aclaraba mucho las cosas.

¿Sabías de la existencia de los ángeles cuando eras niño? ¿Recuerdas haber oído hablar de ellos durante tu infancia? ¿Interpretaste a alguno en una obra de teatro? ¿Qué más has aprendido sobre ellos desde entonces? ¿Te da la sensación de que son accesibles? ¿Crees que son reales?

Si creciste en un ambiente religioso, puede que te hagas una idea de quiénes son los ángeles y qué son capaces de hacer, pero quizá este tema aún siga teniendo un halo de misterio para ti. Aquí es donde entran en escena las personas como yo: quiero cambiar esto.

La palabra *ángel* proviene del vocablo griego ἄγγελος *(angelos)*, que significa 'mensajero de Dios' (en el siguiente capítulo hablaremos más sobre su papel de mensajeros). Este concepto se utiliza en todo el mundo para describir a un ser invisible que se dedica a guiar, sanar y proteger a una persona, un país o incluso al mundo. Es de origen abrahámico, es decir, se usa en todas las religiones del mundo que surgen de las enseñanzas de Abraham. Estas son el judaísmo, el islam y el cristianismo, aunque los ángeles no se limitan a la religión o la tradición. De hecho, creo que su presencia precede a la religión humana.

No importa cuánto hayamos escuchado sobre ellos: sea mucho o poco, casi todos sabemos que representan algo positivo. Por ejemplo, si alguien nos ayuda, podemos comentarle que es «un ángel», y con frecuencia también se dice que un bebé «duerme como un ángel» cuando descansa plácidamente.

Cuando le dices a alguien que es «un ángel», invitas
a que se manifiesten sus cualidades angélicas.

La mayoría de la gente cree en los ángeles, por lo menos en Estados Unidos. La verdad es que las encuestas sobre este tema son arrolladoras. Un sondeo realizado en 2023 por NORC en la Universidad de Chicago reveló que siete de cada diez estadounidenses creen en los ángeles (el 69 por ciento)[1, 2]. Otra encuesta mostró que el 36 por ciento creía haber presenciado un encuentro o haber recibido la ayuda de un ángel[3]. Y lo mejor es que cuatro de cada diez personas que creen esto no siguen ninguna religión o tradición en particular. En el Reino Unido, un estudio realizado por la Bible Society[4] revela que uno de cada tres encuestados cree en los ángeles.

La mayoría de la gente también se imagina que estos seres están provistos de alas y que descienden flotando desde el cielo, envueltos en luz, como el personaje que John Travolta interpretó en la película *Michael*. Aunque esas representaciones son simplistas: los ángeles son mucho más que eso.

Quizá tú también tengas experiencia con ellos a nivel personal, y yo estoy aquí para animarte a que confíes en tus propias vivencias. Esto me recuerda las fantásticas memorias de Anita Moorjani, en las que cuenta cómo desapareció su cáncer tras haber estado a punto de morir debido al linfoma de Hodgkin. La obra se titula *Morir para ser yo. Mi viaje a través del cáncer y la muerte hasta el despertar y la verdadera curación*[5]. El mensaje de Anita es que tenemos que confiar en nuestra propia autoestima e intuición. «Seguir un camino espiritual personal —escribe— implica seguir los impulsos de nuestro propio ser interior, y ello nos conecta con el yo infinito que todos somos en esencia»[6]. Para Anita, dejarse llevar por su propia capacidad para confiar en sí misma implicaba liberarse de sus expectativas y aceptar nuevas posibilidades de curación y paz.

Estoy de acuerdo con Anita en que la clave de nuestro propio viaje de sanación son nuestras experiencias personales. Mi objetivo es enseñarte lo que sé y apoyarte cuando sigas tu propio camino y aprendas todo lo que tu *yo infinito* interior ya sabe.

◆

Los ángeles pueden mostrarse en multitud
de formas, estados y tamaños.

Tu experiencia con los ángeles será única, entre otras razones porque son energía pura, siempre capaces de aparecer ante nosotros de diversas formas, en función de nuestros pensamientos. Como ya sabes, yo mismo he presenciado una gigantesca columna luminosa con grandes ojos negros y huecos, pero también un hombre vestido de guerrero. Además, he visto a una impresionante mujer vestida de largo y con cabellos dorados que le caían sobre los hombros. A veces obtengo una imagen muy detallada, como el color de los ojos, por ejemplo; otras, percibo más bien un haz de luz.

Antes solía describir a los ángeles como seres individuales, pero ahora he aprendido que forman parte del todo, son Uno. Si el universo o Dios fuera un corazón, cada latido sería un ángel. Cuando me pongo en contacto con uno, me comunico con el corazón de Dios. No existe una separación entre ellos.

Por tanto, las experiencias con los ángeles son celestiales e increíblemente variadas. En ocasiones, incluso podemos contemplar a múltiples ángeles. Esto me recuerda una de mis historias de ángeles favorita.

LA NIÑA DE LOS OCHO ÁNGELES

En una ocasión, cuando trabajaba de columnista en *The Scottish Sun*, participé en un encuentro en George Square, en Glasgow, junto con otros redactores. En el interior de aquella gigantesca y elegante carpa nos encontrábamos alrededor de cuatro mil personas. Compartía estand con Joan Charles, la médium residente del periódico. Mientras yo hablaba sobre los ángeles de la guarda, Joan realizaba lecturas de bolsos. Se trata de una forma poco común de lectura psíquica: el consultante recibe información sobre su personalidad y su vida en función de la forma, el tipo y el color de su bolso, así como de su contenido. A la gente le encantó la propuesta, ¡y era muy divertida!

En un momento dado, invitamos al público a acercarse para plantear preguntas o reservar sesiones privadas. Levanté la vista y me percaté de que una mujer se dirigía hacia mí, acompañada por una niña rubia y delgada que tendría once o doce años. Me saludaron, y pude ver que unos ángeles caminaban junto a la pequeña.

«¡Qué cantidad de ángeles!», pensé maravillado mientras les devolvía el saludo.

Cuando se acercaron a mí, la mujer me dijo:

—Mi hija estaba desesperada por conocerte.

—Eso es muy amable por tu parte —comenté, sonriendo a la pequeña.

Entonces la niña quiso saber:

—¿Puedes ver algo?

—Es curioso que lo preguntes —le respondí—. Mientras avanzabas hacia aquí, he visto que te acompañan ocho ángeles.

—¿Cuántos?

—Ocho. Tienes contigo a ocho ángeles guardianes.

La madre se unió a la conversación:

—Bueno, mi hija ha muerto ocho veces.

—Sí, mira —dijo la niña, enseñándome una enorme y espantosa cicatriz en el pecho.

Al parecer, le habían practicado ocho cirugías a corazón abierto, y en cada una de ellas había sentido que un ángel la salvaba. Incluso llegó a ver que uno de esos seres celestiales la devolvía a su cuerpo, y hasta experimentó la sensación de haber hablado directamente con Dios.

Llevaba ya bastante tiempo buscando a alguien que corroborara su experiencia, y ese fue mi papel.

Esa niña tenía claro lo que quiero que sepas: estamos rodeados de seres que pueden ayudarnos en nuestra vida. La niña y yo nos hicimos una foto juntos, y me alegró verla alejarse dando saltos.

Mi editor se enteró de esta historia y me llamó.

—¿Cómo demonios lo hiciste, cabroncete? —me dijo antes de colgar.

Poco después, *The Scottish Sun* publicó un artículo titulado LA NIÑA DE LOS OCHO ÁNGELES.

Fue realmente increíble.

¿Quiénes son los ángeles? En este capítulo he comenzado a responder a esta pregunta, pero es solo el principio. Las respuestas son infinitas, y tú también hallarás la tuya propia.

Durante los últimos veinte años, he tenido la bendición de ser portador de sus mensajes divinos. Y es que una de las infinitas respuestas es que los ángeles son mensajeros.

4

Los ángeles son mensajeros

«Buenas noticias traen del cielo los ángeles;
a la tierra cantan buenas nuevas:
hoy nos es dado un niño
para coronarnos con la alegría del cielo».

MARTÍN LUTERO

TRAS LA SEPARACIÓN DE MIS PADRES, mientras mi madre trabajaba a destajo, me pasaba las tardes después de clase jugando en la calle con los otros niños del barrio. Mi madre solía mandarme a casa de Margaret para almorzar, con una lata de sopa dentro de una bolsa. Durante los fines de semana yo visitaba a mi padre, que se había mudado a un apartamento compartido. Ese lugar me parecía chulísimo. Recuerdo que cada habitación tenía su propia cerradura.

En una ocasión —yo tenía diez años por aquel entonces—, Susan, una de las mujeres que vivía en nuestra calle, decidió organizar una sesión de clarividencia. Para que una famosa médium llamada Gladys fuese a su casa, Susan necesitaba reunir a seis personas dispuestas a que les echaran las cartas por veinte libras. Mi madre dijo que no le importaba ir, pero que estaría peinando hasta tarde, así que le reservaron el último lugar.

Sin embargo, al llegar, Gladys tenía otra cosa en mente; decía que allí faltaba alguien. Susan le contestó que más tarde vendría otra persona. La médium añadió que era consciente de la situación y pidió que no le dijeran el nombre de esa mujer, porque ella sabía exactamente de quién se trataba. Como no podía deshacerse de los espíritus que la buscaban, necesitaba hablar primero con ella.

A Susan no le quedó otra que avisar a mi madre, quien tenía agendada una permanente para la siguiente clienta, ¡y no podía dejar el trabajo a medias! Así que canceló la cita y se dirigió a toda prisa, calle abajo, hasta la casa de Susan.

—¿Eres Diana? —Gladys no se preocupó en saludar.

Mi madre asintió. Cuando recuperó el aliento, explicó que en realidad no creía en ese tipo de cosas.

—¿Entonces por qué estás aquí? —preguntó Gladys.

Mi madre se encogió de hombros, imperturbable por los bruscos modales de su interlocutora.

—Por curiosidad —contestó.

—La curiosidad mató al gato —añadió Gladys—. ¡Bien, date prisa y siéntate, porque tu madre quiere hablar contigo! —Atónita, mi madre tomó asiento—. También hay un hombre que quiere hablarte —agregó Gladys—. Se llama Hughey.

Mi madre prestó atención:

—Conocí a un Hughey.

—Puedo verte vestida de dama de honor, y Hughey también está allí.

—Fui la dama de honor de su hija —dijo mi madre.

—Ha venido a darte las gracias. ¿Le salvaste la vida en una ocasión? —preguntó Gladys.

Remontémonos un poco más en el tiempo: un viernes por la noche, mi madre caminaba de regreso a casa, cuando, de pronto, se encontró con su vecino de al lado, Hugh Woods, apodado Hughey, que estaba tumbado en el arcén de la carretera. Con la ayuda de otros transeúntes, mi madre logró resucitarlo. Resultó que el hombre había tenido un infarto.

Y entonces, antes incluso de que mi madre pudiera asimilar lo que estaba pasando, Gladys añadió:

—Diana, Diana, Diana —pronunció el nombre exactamente igual que mi abuela en los últimos momentos de su vida, con el mismo ritmo y tono—. ¿Quién es Agnes?

—Es mi madre.

En ese instante, a mi madre apenas le salían las palabras por la emoción.

—Puede verte de pie, frente al espejo, con la minifalda negra.

Mi madre, que se había divorciado hacía poco, había perdido mucho peso. No había estado tan delgada desde su adolescencia, y se acababa de comprar una minifalda negra para salir con sus amigas.

—Quiere hablar con su hijo de ojos azules.

Así me llamaba siempre mi abuela, entre otras cosas.

Gladys miró directamente a los ojos de mi madre.

—Él la vio después de fallecer. Y se dedicará a lo mismo que yo. Cuando tenga diecisiete años, su nombre aparecerá en el periódico. Le conocerán en todo el país por su trabajo, que lo llevará a viajar por el mundo entero. Tú nunca cuestionarás lo que es capaz de ver y oír, porque eso superará cualquier cosa que hayas imaginado jamás.

Increíble, ¿verdad?

Antes incluso de analizar esta profecía, quiero detenerme un momento para señalar la confirmación de Gladys: yo había visto a mi abuela la noche de su fallecimiento. No me había vuelto loco ni estaba alucinando o soñando. En cierto modo, esta médium desempeñó en ese instante el mismo papel que yo cuando conocí a la chica de los ocho ángeles. De hecho, de niño, yo también tuve un encuentro con la vida después de la muerte, el primero de muchos.

Y luego vino la tercera parte del mensaje de Gladys… Algo importante iba a sucederme.

◆ ◆ ◆

Años más tarde, cuando yo ya echaba las cartas y había alcanzado cierto éxito, el *Daily Mail* me hizo una entrevista; posteriormente, mi madre y yo nos fuimos de vacaciones por el Mediterráneo. Ella había encontrado un viernes una oferta para un crucero, y zarpábamos al lunes siguiente. Cuando regresamos al Reino Unido tras una semana de comidas, descanso y visitas a los puertos de Túnez, Pisa, Niza y Menorca, vi mi nombre escrito en el periódico:

Puedo ver a los ángeles:
El *Daily Mail* conoce al médium más joven del Reino Unido.

Todo ocurrió tal y como había predicho Gladys varios años antes. Sin duda, me había convertido en un médium y, con tan solo diecisiete años, ya era bastante conocido. Sin embargo, en lugar de *médium* o *espiritista*, prefiero usar la palabra *mensajero*.

Me identifico como un *mensajero*. Parece que ese siempre ha sido mi papel en la vida. Incluso mi maestra, en los primeros boletines escolares, resaltaba mi entusiasmo al unirme a los debates de la clase. Hoy en día, con mis amigos y diversos grupos de los que formo parte, me encargo de organizar, reunir y llevar la iniciativa. Soy quien promueve tertulias, el anfitrión de las conversaciones de chat. Cada vez que viajo a causa de mi labor como autor, organizo de inmediato una charla grupal. Me ocupo de que todos quedemos en el vestíbulo para un café, o en el bar la primera noche para un brindis. Si salgo a pasear con algún amigo por la mañana, siempre envío un mensaje a los demás: «¿Alguien más quiere venir?». A veces ese amigo me dice: «Hubiera preferido ir solo contigo», pero, para mí, cuantos más, mejor. He organizado también un grupo para los vecinos del barrio.

Creo que mi misión es conectar a la gente. Estoy destinado a comunicarme con los ángeles y echar las cartas, pero también a conectar a las personas. No me gusta la sensación de que alguien quede excluido. Sé lo que se siente. Quiero que todo el mundo sepa que siempre está acompañado. Ese es el mensaje central de mi trabajo.

En una ocasión conocí a una mujer llamada Tina, que tuvo un encuentro angelical increíble. Nuestras vidas se cruzaron hace diez años, cuando recibí una llamada de una cadena de televisión que quería grabar un episodio piloto en Florida para una serie sobre encuentros reales con ángeles. El de Tina ocurrió varios años atrás.

Tina y Damian eran una joven pareja que estaba celebrando su aniversario. Esa noche habían dejado en casa a su recién nacido al cuidado de una niñera. Casi nunca salían por la noche, y estaban emocionados por probar un elegante restaurante que no les quedaba muy lejos de casa. Disfrutaron de una hermosa cena de aniversario, pero, en su camino de vuelta, un hombre que conducía en sentido contrario atravesó la mediana. Justo antes del impacto, aunque Damian giró el coche para intentar evitar el choque, el otro vehículo, que iba casi a 120 kilómetros por hora, los golpeó de pleno por el lado donde estaba sentada Tina.

En ese momento, Damian se desmayó y, al despertar, descubrió que estaba en medio de las llamas, al igual que su coche. Otros vehículos se habían detenido detrás de él y los buenos samaritanos tiraban de las puertas. Consiguieron sacarlo, lo llevaron hasta la carretera y lo agitaron para apagar el fuego.

A su vez, Tina se dio cuenta de que el coche estaba envuelto en llamas y de que ella iba a morir. Creyó que eran sus últimos momentos, y rezó: «Querido Dios, he oído que en el cielo hay un lugar especial para los que piden perdón. Por favor, perdona todos mis pecados».

En ese instante, vio que un ángel posaba las manos sobre el cristal. Luego, de alguna manera, lograba levantarla para llevarla hacia arriba.

Al mismo tiempo, la gente allí presente observaba cómo un hombre vestido totalmente de negro corría desde el arcén directo a las llamas y abría la puerta de Tina, a quien sacaba del vehículo para dejarla en el suelo, en el arcén, cerca de su marido.

Cuando Tina recuperó el conocimiento, pudo oír los gritos de Damian, que tenía quemaduras de tercer grado en la mayor parte de su cuerpo. Tina alzó la vista y se encontró con el rostro de un desconocido: el hombre de negro, que le cogía el rostro y le decía: «Vais a estar bien».

La asistencia llegó, y, mientras la metían en la ambulancia, Tina oyó que la gente comentaba: «¿Habéis visto al ángel?».

Pero el hombre ya había desaparecido.

Damian y Tina sentían que se les había concedido una nueva oportunidad, y querían dar algo a cambio, así que, en cuanto se recuperaron, decidieron adoptar una niña. Damian escribió un libro para contar su experiencia.

Cuando los conocí, me pareció que era evidente que no se sentían cómodos con la idea de la canalización o la mediumnidad, habida cuenta de su fe cristiana. Sin embargo, pude identificarme con su compresión del mundo debido al cristianismo que me inculcaron durante la niñez.

Le pregunté a Tina si había experimentado otros encuentros con ángeles. Me dijo que llevaba toda la vida viéndolos. En una ocasión, cuando estaba en la iglesia entonando canciones de alabanza y agradeciéndole a Dios el hecho de que un ser celestial la salvara, aparecieron unos ángeles en forma de luz dorada, descendieron del techo y dieron vueltas alrededor de los feligreses. Uno de ellos incluso pasó a su lado.

—Cuando viste a esos ángeles —quise saber—, ¿les preguntaste cuál era su mensaje?

Dijo que no, así que me interesé por la razón. Su motivo era simple:

—No sabía que eso fuera posible.

Como a muchos cristianos, a Tina le habían enseñado que no podemos comunicarnos con los ángeles de manera directa. Siempre había sentido que los ángeles le traían mensajes para su familia, pero desconocía la manera de llegar hasta ellos.

Así que le dije lo que pensaba:

—Hubieras podido hablarles, sin más. Estaban ahí.

Aquella noche en el motel, me acosté y comencé a entrar en un estado de ensueño durante mis oraciones y meditación. Dije para mis adentros: «Si el ángel de esta pareja se encuentra aquí, agradecería que me revelara cualquier mensaje que tenga para ellos».

A continuación, una voz señaló con claridad: «Queremos que Damian sepa que no fue su culpa».

Al día siguiente, le transmití el mensaje a Damian, que empezó a llorar. Tina le agarró las manos de inmediato, y comenzó a llorar también.

—Siempre has pensado que el accidente ocurrió por tu culpa —expliqué—, pero los ángeles quieren que sepas que Dios te ha perdonado. Solo tienes que perdonarte tú mismo.

—Si no hubiera girado con el coche, no te habrían golpeado—le dijo Damian a Tina, entre lágrimas.

Ella le explicó que no le culpaba por lo sucedido, y se abrazaron.

Fue un momento sumamente emotivo, pero muy poca gente llegó a verlo. Nadie pudo ver la serie porque el episodio de prueba quedó en nada. Aun así, fue todo un honor tener la oportunidad de recibir y transmitir ese mensaje a la pareja. Espero que ahora sepan que pueden consultar directamente a los ángeles acerca de su mensaje. Muchas personas no se dan cuenta de que, durante estos encuentros, pueden contribuir a profundizar su experiencia.

Esto también va por ti. Puedes participar en el sentido que se revela durante el encuentro con un ángel. Pronuncia estas palabras para hacerle saber que estás preparado: «Puedo verte. Puedo sentirte. Agradezco tu presencia y cualquier mensaje que quieras compartir conmigo».

Como mensajero, también he tenido algunas experiencias un tanto dramáticas. Recuerdo una en la que el mensaje que recibí tenía que ver con el perdón, pero de una forma muy particular.

Un soleado sábado de verano, me dirigí al centro y llegué a la puerta de mi oficina alrededor de las 11:30 h. Mientras buscaba la llave, una mujer de cabello rubio se acercó a mí, seguida de un chico alto y de una niña que tal vez era un año más pequeña.

—Hola —dije—. ¿Estás esperando para una consulta conmigo?
Ella asintió.

—¿La cita es a las doce? —pregunté.

—Sí —dijo ella.

—¿Te importaría volver a esa hora? —Estaba pronunciado
esa frase cuando ella me agarró del brazo.

—Tengo que hablar contigo ahora —contestó—, no sé
cuánto tiempo me queda.

Echó un vistazo al pasillo y, automáticamente, supe que el
asunto guardaba relación con algo oscuro (¡y eso que aún no
estaba preparado!).

Me las arreglé para entrar en mi oficina y quedarme un par
de minutos a solas, antes de que ella me siguiera; tuve el tiempo
suficiente para agradecerle al arcángel Miguel por acogerme
bajo la luz de su protección.

Una vez que me sentí en paz, invité a la mujer a pasar. Los
niños esperarían abajo, en Caffè Nero.

—Antes de empezar, quiero decirte algo —señaló ella—.
No quiero saber si hay muertos. —Le costaba un poco respirar,
pero continuó—: Si ves junto a mí a alguien que haya fallecido,
no quiero saberlo. Me siento cómoda con los ángeles, pero no
deseo escuchar a los que ya no están.

Le expliqué un poco mi procedimiento y me enteré de que
su nombre era Sheena. Logré que pusiera las manos sobre las
cartas de los ángeles, ya extendidas encima de la mesa. Super-
puse mis manos a las de ella y le pedí que pensara en algún
asunto en el que deseara recibir ayuda. También pronuncié una
breve plegaria:

—Ángeles, gracias por revelarme sus vidas.

Enseguida pude vislumbrar en mi mente una pelea. Un
hombre y una mujer se golpeaban, se empujaban, daban pata-
das y gritaban. De repente sentí un puñetazo en el estómago y,
de hecho, dejé escapar un fuerte gruñido, como si realmente
hubiera recibido ese golpe. Después me miré las manos, y las vi
cubiertas de sangre.

—Han asesinado a alguien —dije.

—Yo no lo llamaría asesinato —señaló Sheena despacio.

—Te diré lo que está pasando —declaré—. Tengo sangre en las manos y estoy echándote las cartas. Si hay sangre en mis manos, es que hay sangre en las tuyas. ¿Has matado a alguien?

—Sí.

Así comenzó la sesión.

—Veo a dos ángeles en mi cabeza —continué—. Están trayendo aquí a un hombre muy alto, que lleva las manos detrás de la espalda. Los ángeles lo flanquean. Pareciera que lo están trasladando desde o hacia una prisión. Él señala: «Dile que la perdono».

Sheena apartó las manos de las mías.

—¡Saca a ese maldito canalla de aquí ahora mismo! —gruñó.

—Él está aquí y quiere que le perdones —dije con serenidad, consciente de que mi trabajo era simplemente transmitir el mensaje.

—¡Sácale de aquí de una puñetera vez! —gritó Sheena.

Sentí que la situación estaba superando mi nivel de experiencia. Aun así, sabía que el mensaje me había llegado por alguna razón.

—Pareciera que este hombre es tu pareja, ¿verdad? —pregunté.

—Sí —afirmó Sheena.

—¿Lo has matado?

—Sí.

—Os peleasteis y él se mostró violento.

Ella asintió.

Me enteré de que ella había matado a su novio para evitar que atacara a su hijo. Había intervenido con un cuchillo. Si ella hubiera llamado de inmediato a emergencias, se habría tratado de un caso de defensa propia o de un homicidio involuntario; sin embargo, lo que al final había hecho supuso que lo consideraran un asesinato.

—¿Por qué quiere que hable de tu hijo? —le pregunté.

Sheena se cubrió el rostro con las manos.

—Porque mi hijo me ayudó a esconder el cuerpo.

Llegados a ese punto, les pedí a los ángeles que retuvieran cualquier mensaje hasta que yo pudiera atenuar la energía de la habitación. ¿Qué se suponía que debía hacer, incluso desde un punto de vista legal?

—Me has puesto en una situación un tanto complicada —le dije—. ¿Qué es lo que quieres exactamente de mí?

—La policía me descubrió y recuperaron el cuerpo. Actualmente estoy en libertad bajo fianza, pero es obvio que iré a la cárcel y quiero saber si mi hijo estará bien. Y si…, si acabaré al final en el infierno.

Consulté a los ángeles y le transmití a Sheena el mensaje. Su hijo también iría a la cárcel. Sería sentenciado y juzgado como un adulto por haber ayudado a esconder el cuerpo, a pesar de que solo tenía quince años.

En cuanto a la segunda pregunta, yo no sabía si realmente creía en el infierno, pero le dije a Sheena que transmitiría su consulta.

Los ángeles me respondieron de inmediato: «Ya está en el infierno. El infierno solo existe en la mente».

—Ya veo —dije—. Tu expareja quiere que lo perdones para que puedas liberarte del dolor que te causó y del infierno de sufrimiento y resentimiento que hay en tu mente.

En ese momento di por concluida la sesión, pues consideré que no me convenía seguir con esa energía tan hostil; algunas semanas después vi a Sheena de nuevo, en la portada del periódico: la acusaban de asesinato. Era el mismo periódico en el que aparecía mi columna sobre los ángeles. Si bien a Sheena le aguardaba una vida tras las rejas, yo tenía la esperanza de que al menos pudiera liberarse del peso de su dolor.

Creo que ha quedado demostrado que las experiencias con ángeles pueden ser bastante dramáticas, pero también sutiles.

Las sutiles pueden llegar a ser muy importantes a medida que avanzamos por nuestro camino espiritual. Por tanto, abramos nuestra mente a toda clase de encuentros angelicales, incluidos los más simples que podamos imaginar.

SIMPLICIDAD

Cuando la gente piensa en la meditación, muchos imaginan a alguien sentado en una playa desierta o en un jardín zen, totalmente quieto y en silencio, pero lo cierto es que podemos meditar sentados en nuestro sofá o en un banco del parque, o, si eres como yo, en la cama. Si tienes una esterilla de yoga y puedes extenderla y encender una vela, genial. Pero no es necesario una preparación especial para obtener los beneficios de esta práctica.

Podemos aplicar esto mismo a los ángeles. Si nos ceñimos a una idea fija sobre su aspecto o manera de actuar, quizá no nos demos cuenta de que uno de esos encuentros está ocurriendo justo delante de nosotros, y nos lo perdamos.

¿Cómo crees que son los ángeles? ¿Cómo te imaginas que suenan? ¿O que actúan?

¿Y si estás sentado en la cama, por la noche, y te invade una suave calma? ¿Podría tratarse del mensaje de un ángel?

¿Y si tienes un problema en el trabajo y de repente encuentras una solución? ¿Podría ser el mensaje de un ángel? ¿Por qué no?

O tal vez estés en medio de una discusión con alguien a quien quieres y, aunque sepas que llevas razón, algo en ti dice: «Haz las cosas bien. Déjalo pasar. Sé amable». Quizá sea un ángel.

Los mensajes angélicos pueden ser mucho más simples de lo que pensamos.

Los ángeles merodean a nuestro alrededor. Se comunican. Traen noticias. Nos ayudan a crecer. Están con nosotros en los momentos críticos, en las transiciones cruciales de la vida. Y también en otras ocasiones. En sus innumerables estados y formas, siempre están ahí para apoyarnos. La pregunta es: ¿nosotros los escuchamos?

◆ ◆ ◆

En cuanto empecé a trabajar en este libro, mi gato Ralph falleció. Se llamaba así en honor al arcángel Rafael, cuyo nombre significa 'Dios sana', pues él trajo la curación a mi vida durante los años que estuvo aquí conmigo. Pero el pasado febrero sucedieron tres cosas extrañas, una detrás de otra, indicios de que Ralph no se encontraba bien. Mi madre me había comprado unos pasteles, que recibí el día de San Valentín. Fui a la planta baja y me encontré con que Ralph había tirado la caja de pasteles al suelo, la había roto y se había comido toda la cobertura de crema. Eso fue rarísimo. Después, al día siguiente, se puso a correr por el salón con los perros, lo cual no era nada habitual en él. La noche posterior durmió abajo, en lugar de hacerlo donde acostumbraba, en la habitación de invitados de arriba, con mi madre, que en aquel entonces vivía conmigo. Tres cosas muy extrañas.

Aquella noche, mi madre dijo:

—Creo que Ralph se va a morir.

Entré directamente en modo sanador.

—Tendremos que vigilarlo —le contesté.

El veterinario me pidió que llevara a Ralph a su consulta, ubicada en el centro, pero yo sentía que él no sobreviviría al viaje. En vez de eso, lo puse en el suelo de la habitación y me quedé en calma, a su lado. Cuando empezó a costarle un poco seguir adelante, puse la mano sobre él y dije: «Gracias, ángeles, por dirigirlo hacia la luz». En menos de un minuto, dejó de respirar.

Sé que los ángeles se lo llevaron rápidamente. Les di las gracias una vez más, me dispuse a recibir cualquier mensaje que quisieran transmitirme y dejé que mis lágrimas cayeran.

Me queda una gata. Se llama Haniel. Dicen que Haniel es el ángel de la luna y la gracia de Dios. Es en parte diosa, y nos ayuda a lidiar con los ciclos de la vida. Así que Haniel es la compañera perfecta para ayudarnos en esta transición a una vida sin Ralph.

Sé que existe un plan divino, y solo tengo que confiar en él. Por lo que sé, puede incluir a alguien que será el mensajero de un ángel; un individuo que esté conectado con el reino angelical.

¿Alguna vez ha aparecido una persona así en tu vida? Puede ser alguien con quien termines tratando durante un tiempo, o alguien que simplemente se sienta a tu lado en un tren una tarde. Déjame hablarte sobre uno de estos mensajeros de los ángeles cuya historia realmente me conmovió.

EL MENSAJERO DEL MENSAJERO

> «La forma en que la gente entra en tu vida
> cuando la necesitas es maravillosa, y ocurre
> de muchas maneras. Es como tener un ángel.
> Alguien viene y te ayuda a recuperarte».
>
> STEVIE RAY VAUGHAN

Hace años, la amiga de un amigo empezó un desafío de bondad en memoria de su hija, que se había quitado la vida. Animó a la gente a realizar actos de bondad al azar.

Cada día, una mujer viajaba en autobús a su trabajo en una compañía situada en el centro; a menudo veía a un hombre de unos cincuenta años que se había dejado crecer la barba y el cabello, y que siempre llevaba consigo una bolsa de la compra reutilizable. El hombre parecía constantemente triste, así que la mujer, como parte del desafío de actos de bondad aleatorios, decidió hablar con él.

Al hacerlo, se dio cuenta de lo que puede llegar a significar un pequeño gesto. Resultó que, durante los últimos diez años, nadie había hablado con ese hombre que viajaba en autobús. Él empezaba a pensar que no tenía ningún sentido continuar y, precisamente la noche anterior, le había dicho a Dios: «Si mañana nadie me hace caso, me quitaré la vida».

Creo que una persona que se propone realizar un acto de bondad al azar —y que finalmente lo hace— puede ser el mensajero de un ángel. Para esa mujer en particular, escuchar el impacto que tuvo su pequeño gesto también fue un punto de inflexión en su vida. Supuso un despertar. «A partir de ahora, ya no puedo seguir viviendo de la misma manera», se dijo a sí misma. Y, aunque desconozco el resto de la historia, estoy seguro de que su vida cambió desde ese día.

Así, la mensajera quedó tan conmovida como el hombre que había estado a punto de quitarse la vida. Y esa es una de las cosas maravillosas de este mundo de la comunicación con los ángeles: *todos* los involucrados en la conversación acaban emocionados. La vida de cada uno de ellos cambia. A medida que nos acercamos más a esta comunión, los buenos sentimientos se propagan y llegan a lugares a los que nunca antes habían llegado.

¿Dónde podrías encontrar hoy al mensajero de un ángel? ¿Cómo podrías serlo tú mismo?

———————— ◆ ————————

No solo tienes que llamar
a los ángeles, también puedes atraerlos
a través de tus buenas acciones.

Una manera de acercarte a los ángeles y a sus mensajeros consiste en rodearte de luz y ser tú mismo la luz. Dediquemos un poco de tiempo a pensar en lo que esto significa.

Ser la luz

Creo que existe un mensaje que todos podemos recibir de los ángeles, y es cómo ser la luz. En ocasiones le digo a la gente que sea la luz cuando intenta tener contacto con un ángel. A veces, este consejo conlleva imaginarse a uno mismo rodeado de una luz dorada; otras, es algo más metafórico. Me gusta decir: «Sostén la luz». ¿Qué imaginas cuando escuchas esta frase? *Sostén la luz.*

Hay algo de magia en estas palabras, ¿verdad?

Tengo algunas amistades cercanas que están pasando por un período realmente difícil. Un buen amigo de ellos se suicidó hace poco, y las cosas en el trabajo se han vuelto bastante complicadas. Por eso, últimamente suelo pensar: «¿Cómo puedo sostenerles la luz en este momento, cuando todo parece desmoronarse?». Tengo claro que no puedo evitar que algo se derrumbe, ya sea una relación amorosa o el sueño de una vida, así que pretender que todo irá bien no es de ayuda. Sin embargo, lo que sí puedo hacer es ser esa persona que tiene la esperanza de que, en algún momento, suceda algo positivo. Soy consciente de que las cosas están bastante complicadas ahora mismo, pero también soy capaz de aferrarme a la esperanza, incluso cuando nadie más consigue hacerlo. Yo puedo ser el que se quede esperando un milagro.

───────────── ◆ ─────────────

Si necesitas un milagro, pregúntate qué puedes
hacer para prepararte ante su llegada.

───────────────────────────

Quizá tú también seas así (el que se ancla en la esperanza, el que espera un milagro). ¿Hay alguna situación en la que puedas aplicar esto? ¿Tienes algún amigo o familiar que esté pasándolo realmente mal? Pase lo que pase, nadie podrá culparte por intentarlo.

Es importante mencionar que ser la luz no consiste en intentar cambiar los sentimientos de alguien. No se trata de evitar la vivencia de una persona, sino más bien de decir: «Voy a esperar a que te suceda un milagro».

En el kundalini yoga, esto se llama *resplandor*. Es una energía que se genera por una práctica espiritual consistente, y se representa como un halo de luz encima de la cabeza, similar al que solemos ver en las imágenes de santos o deidades. La idea es que, a través de una conexión espiritual muy arraigada, mantienes dentro de tu aura esa luz que emana desde el interior, la cual se extiende y llega a todos los que amas y los que entran en tu vida. Muchos practicantes creen que esta energía es la que atrae hacia ti las bendiciones, energía que puede contagiarse a aquellos a los que estás conectado.

El otro día, en la clase de *jiu-jitsu*, el cinturón marrón (segundo cinturón más alto) que a menudo reemplaza al entrenador principal, me dijo que yo era el único cinturón blanco (el más bajo) cuyo nombre conocía.

Así que le pregunté:

—¿Y cómo es eso? —Ya sabes, mi espíritu indagador jamás me abandona.

—Siempre llegas con una energía muy positiva, se nota, y nos gusta mucho tenerte aquí, en el gimnasio —explicó.

—Guau, gracias —respondí.

—No dejes que esto se te suba a la cabeza, ¡aún eres cinturón blanco! —añadió, guiñándome el ojo.

Básicamente, aunque todavía soy cinturón blanco, hay una luz que estoy aprendiendo a corporeizar y, con suerte, transmitir. En el proceso, les agradezco a los ángeles su ayuda, independientemente de si me ha venido como un susurro o como una señal tan obvia que era imposible ignorar, como elegir la misma carta de la baraja día tras día. (Me ha estado pasando eso últimamente; al final del libro te contaré más acerca de esa carta, es un poco extraño).

Cuando empecé a dedicarme al «tema de los ángeles», especialmente a mis veintipocos años, y comencé a alcanzar el éxito y a hacerme un nombre, muchos de los chicos que solían burlarse de mí en la escuela vinieron a pedirme disculpas. «Sentimos haberte hecho pasar momentos difíciles», me dijeron, dándome un apretón de manos o chocando nuestros puños. También reconocieron que mi madre me había criado sola, y que eso no habría sido fácil. Se habían enterado de que usaba mi dinero para contribuir a la economía familiar. Pudieron ver que estaba tratando de hacer algo positivo con la buena suerte que había tenido y me transmitieron su reconocimiento. Decir que se arrepentían de haberme atormentado cuando era chico y que respetaban lo que yo estaba haciendo con mi vida, incluso si ellos mismos no eran muy afines al «tema de los ángeles» (¡cosa que también me hicieron saber!), era otra forma de ser la luz.

No me enfadé con ninguno de ellos. No sé siquiera si llegué a enfadarme cuando me acosaban en el colegio. Encontré una forma de rodearme de luz, de intentar ser la luz, y eso es lo que me había protegido y ayudado.

Además, mi vulnerabilidad no era del todo mala; de hecho, creo que fue un aspecto clave que contribuyó en gran medida a que mis encuentros con los ángeles se dieran con mucha facilidad. Con el paso de los años me he ido preguntando: «¿Por qué vi a aquel ángel el día de la barbacoa, cuando nadie más pudo verlo?». La respuesta se ha ido esclareciendo poco a poco; yo no solo vi al ángel, sino que el ángel me vio a mí. Me permití ser visible. Me puse al descubierto por completo. No tenía armaduras ni barreras. ¿Has logrado alguna vez acceder a una especie de claridad porque, para ti, no había armaduras ni barreras de por medio?

El arcángel Miguel siempre es una buena opción a la que recurrir cuando queremos ser la luz (además, viene con su propia armadura). Su nombre significa '¿Quién como Dios?'; también se es conocido como «el Príncipe de la Luz».

Imagino que es el más célebre de todos los ángeles por varias razones, pero especialmente porque se le identifica como el protector supremo. Esto proviene de una historia de la Biblia, según la cual Miguel expulsa del reino de Dios al ángel que se porta mal, Lucifer. Por tanto, la Iglesia católica ve a Miguel como un protector contra el mal, mientras que el movimiento espiritual moderno entiende la historia desde una perspectiva más metafórica: Miguel como el ángel que puede protegernos de la negatividad o del ego, este último representado en ocasiones como un demonio sobre nuestro hombro.

◆

El arcángel Miguel es el santo de la protección,
y su papel divino consiste en ayudarnos
a sentirnos seguros.

Por alguna razón, Miguel es el ángel que más me llamaba la atención. Sé que esto les ocurre a muchos que están explorando el tema de los ángeles. Creo que es algo común, pues todos albergamos el profundo anhelo de sentirnos seguros y protegidos, por lo que contar con una figura sagrada a nuestra disposición en todo momento nos resulta reconfortante.

Recuerdo la primera vez que asistí a la convención Mind Body Soul en Glasgow. Me levanté temprano para coger el tren de Greenock al centro (viajaba yo solo, tenía quince años… ¡Muchas cosas ocurrieron a esa edad!) y con el dinerillo que tenía compré una pequeña estampita plastificada del arcángel Miguel. La llevaba a todas partes, y siempre que realizaba lecturas o hacía cualquier cosa espiritual la exponía como recordatorio de que Miguel se encontraba a tan solo una oración de distancia.

Por supuesto, también está contigo. Puede ayudarte a recibir nueva energía y a dejar ir lo que ya no te sirve. Puede ayudarte a introducir un cambio positivo en tu vida, dar la bienvenida a más luz y prepararte para comenzar a recibir mensajes de los ángeles.

Quizá el arcángel Miguel también pueda serte de utilidad a la hora de cortar los lazos que te unen al pasado; una tarea necesaria cuando recibes nuevas versiones de ti mismo. He incor-

porado una plegaria a mi práctica espiritual: «Corta los lazos».
Aquí la tienes.

Plegaria angélica para cortar los lazos

Dentro de la comunidad espiritual, los lazos se consideran vínculos energéticos que pueden frenarnos o mantenernos conectados a una energía negativa. Pueden drenar nuestra fuerza vital e impedirnos progresar positivamente en nuestra vida.

Siempre que comparto esta plegaria en las redes sociales, la respuesta que se genera es poderosa. Creo que eso se debe a que, a veces, las ideas, opiniones e impresiones negativas de los demás nos detienen, y podemos llegar a percibirlas como un superpegamento que nos mantiene en espacios y lugares en los que ya no queremos estar o con los que no queremos conectarnos.

Si te sientes bloqueado, inseguro o incluso si reproduces algo en tu mente una y otra vez, puedo garantizarte que hay un lazo que te ata a una situación o energía negativa, y ello está afectando a tu capacidad de crear amor, libertad y alegría en tu vida. La decisión de desconectarte de eso es tuya, puesto que eres el guardián de tu propia energía; los ángeles siempre estarán dispuestos a ayudarte.

Mientras pronuncias esta oración, imagina que poderosas fuerzas angelicales giran a tu alrededor y sacan de tu energía todos los lazos y conexiones que te están frenando.

Es importante mencionar que los lazos de amor que te conectan a tus seres queridos nunca se podrán cortar ni romper. Esos siempre permanecerán. Esta oración solo corta los lazos negativos.

Gracias, arcángel Miguel, por cortar los lazos innecesarios que me unen a personas, lugares, situaciones,

> *miedos, historias, dramas o cualquier otra cosa que se interponga en el camino de mi grandeza.*
>
> *Dejo paso a los milagros.*
> *Dejo paso a la luz.*
> *Dejo paso a la libertad.*
> *Que así sea.*

Soltar lo que no nos beneficia es tan importante como aceptar lo que nos será favorable. Uno deja espacio para el otro.

Hablar sobre el espacio me lleva a señalar lo importante que es mantener el tuyo propio. Creo que pronto empezarás a ver que los límites son esenciales.

LÍMITES

Establecer límites puede ser difícil. Especialmente para todos aquellos que tendemos a ser amables y a preocuparnos por los sentimientos de los demás (y que somos bastante sensibles cuando se trata de los propios). Sin embargo, he aprendido que establecer límites supone protegerse. Por ejemplo, cuando imparto una ponencia, no puedo permitir que alguien se apodere de la conversación hasta el punto de que el resto del público se pierda la experiencia que quiero transmitir. Este propósito me lleva a veces a ser un poco duro. Si algo afecta al ambiente de una manera que no beneficia al grupo, depende de mí dar un paso al frente, ¿verdad? Te doy un ejemplo.

Una vez, mientras yo impartía una conferencia en el centro de retiro Kripalu, en Massachusetts, una mujer declaró que percibía la llegada de energía. Se sacudía y temblaba en su silla como los feligreses de ciertas iglesias baptistas extremistas cuando el predicador se acerca a ellos. Yo sabía que ese comportamiento no obedecía a una sensación espiritual auténtica, sino que más bien se trataba de un deseo de llamar la atención. Durante el retiro, la mujer ya había hablado más que otros estudiantes, dado su opinión con bastante ímpetu y planteado preguntas en mitad de las conferencias, alterando el bienestar general del grupo.

Yo ya tenía bastante experiencia en esto, pues había lidiado muchas veces con esta clase de situaciones, especialmente en mis presentaciones en encuentros «no espirituales», donde a menudo me abucheaban y tenía que hacer frente a interrupciones. Así que le pedí a esa señora que parara y diera prioridad al bienestar del grupo por encima de su necesidad de atención. Este tipo de asertividad está ligada a la capacidad de decir «no». Me he vuelto bastante bueno para decir «no». Digo «no» al 99 por ciento de las invitaciones que recibo.

Quiero que empieces a pensar en tus límites y en la capacidad de decir «no» porque eso contribuirá a crear en tu vida el espacio necesario para comenzar a notar los mensajes que los ángeles pueden intentar comunicarte. Decir «no» te dará el tiempo y la serenidad para percibir las señales (hablaremos más de esto en el capítulo 10). Cuando sientas una señal, agradece a los ángeles por recordarte su presencia. Dales las gracias por aparecer en tu vida. Luego, agradécete a ti mismo por el espacio generado para propiciar esa aparición.

Mantener tus límites en su lugar también muestra que estás dispuesto a tener una experiencia con un ángel. Decir «no» a un acto al que no quieres asistir puede significar decir «sí» al encuentro con un ángel.

◆ ◆ ◆

Ahora cambiemos las tornas y pensemos cómo es para un ángel encontrarse con nosotros y pasar tiempo a nuestro lado. ¿Qué ven y qué sienten en nuestra presencia? Podemos ser luz. Podemos ser inspiradores. Podemos utilizar la gratitud, las afirmaciones, la meditación y otras prácticas para ser alguien que inspira a los demás, al igual que hacen los ángeles. Podemos ser nosotros mismos de una manera auténtica, al servicio de los demás, alabando lo divino, amando..., amando a todos y a cada uno. En el capítulo 7 hablaremos más sobre estos cuatro pilares de la conexión angelical.

Si puedes imitar a los ángeles, es más probable que obtengas los beneficios de su compañía. Aspira a ser como ellos. Recuerda: los iguales se atraen.

> Para intensificar nuestras experiencias con los ángeles solo debemos parecernos más a ellos.

Los ángeles siempre verán lo bueno en ti. Puedes estar en la noche más oscura del alma y aun así verán tu máximo potencial. Es posible que hayas cometido los actos más locos, pero aun así te tendrán en la más alta estima. Puede que dentro de ti solo tengas una fracción del «Hijo perfecto de Dios», como lo llama Jesús en los textos gnósticos, pero ellos la verán.

◆ ◆ ◆

Ahora vamos a hacer un breve repaso, pues hemos tratado numerosos asuntos. Los ángeles son mensajeros. Pueden transmitirnos su mensaje de muchas maneras; entre otras, a través de las personas. Podemos atraerlos cuando intentamos ser como ellos, cuando sostenemos la luz. Ellos nos protegen y nos guían para que afrontemos los desafíos de nuestras vidas. Debemos establecer límites para darnos a nosotros mismos la gran oportunidad de pasar tiempo en su compañía. Los ángeles ven nuestra fuerza, energía y bondad. Imaginarte a ti mismo tal y como te ven los ángeles, con gracia y con luz, es una experiencia realmente poderosa. Su presencia te ayudará a mantenerte presente. Llevan en la Tierra desde el comienzo de los tiempos.

5
Los ángeles a lo largo del tiempo

«Ángeles en la primera hora de la mañana
pueden verse entre el rocío,
agachándose, recogiendo, sonriendo, volando:
¿los brotes son suyos?

Ángeles cuando el sol más calienta
pueden verse entre las arenas,
agachándose, recogiendo, suspirando, volando;
resecas las flores que llevan consigo»*.

EMILY DICKINSON

SUS MILAGROS SON SIMILARES. Sus nombres y tradiciones son diferentes. Sin embargo, desde el principio de los tiempos, en todas las culturas, tradiciones y religiones de cualquier parte del mundo ha habido seres semejantes a los que hoy conocemos como ángeles. Antes de que pudiéramos coger un avión de British Airways y volar de Londres a Bangkok en medio día, personas de todo el mundo tenían creencias similares sobre seres invisibles que se movían por el aire y los ayudaban.

A lo largo de los años, he recibido innumerables solicitudes de pruebas de que los ángeles existen. Creo que es obvio que no soy un científico y no voy a fingir que puedo dar pruebas

---

* Emily Dickinson, «Ángeles en la primera hora de la mañana» (trad. de Juan Arabia), *Buenos Aires Poetry* (2022), edición en línea: https://buenosaires-poetry.com/2022/11/08/lxix-angeles-en-la-primera-hora-de-la-manana-emily-dickinson. *(N. de la T.)*

concretas, pero sí estoy convencido de que aquí pasa algo interesante.

Basta con admitir que los ángeles han sido descritos, nombrados y experimentados de manera diferente en todo el mundo, pero que su compasión, amor, paz y bondad siguen siendo las mismas.

LOS ÁNGELES ALREDEDOR DEL MUNDO

Echemos un vistazo a unos cuantos, desde Australia hasta Japón, India, Tíbet, Estados Unidos, Oriente Medio…, y un largo etcétera.

Empecemos por el hemisferio sur: los aborígenes australianos tenían espíritus Mimi llamados *wandjinas*. En cuevas y rocas del noroeste de Australia, en la región de Kimberley, podemos encontrar obras de arte que representan a estas criaturas sobrenaturales. Los *wandjinas* forman parte de un espíritu creador capaz de separarse en seres individuales para ayudar a traer la lluvia y sanar a las personas. En sus representaciones artísticas, tienen la cabeza redondeada, los ojos grandes y negros, y carecen de boca. Pero quizá, visualmente, lo más interesante sean los rayos que surgen de sus cabezas, como si emanaran luz. Según la cosmogonía tribal, en un principio estos «seres celestes» descendieron a la Tierra desde la Vía Láctea.

Estas imágenes realmente me sorprenden, habida cuenta de que el primer ángel que vi parecía una luz con ojos oscuros y hundidos. Vi por primera vez fotografías de los *wandjinas* unos diez años después de aquella lectura que hice durante la barbacoa.

En la tradición japonesa, los «dioses sintoístas» son los *kami* ('buenos espíritus'), de quienes se dice que se mueven por el aire como si contaran con alas, aunque no consta que las tengan. Esto me gusta mucho. Si consultas la Biblia, verás que solo en unos pocos casos los ángeles son alados. En la mayoría de los pasajes de las Escrituras, adquieren el aspecto de seres humanos y se anuncian como ángeles.

Los practicantes sintoístas rezarán a los *kami*, les harán peticiones y esperarán que puedan responder a sus plegarias. Los humanos pueden transformarse en *kami* después de morir. Los seguidores del sintoísmo y del budismo cuelgan oraciones escritas en pequeñas placas de madera llamadas *ema* para que los *kami* las encuentren. Esta práctica es similar a la de las tribus nativas norteamericanas, que cuelgan atrapasueños para resistir a la fuerza negativa y traer buena energía.

El budismo también tiene seres que se asemejan a los ángeles y que se llaman bodhisattvas. ¿Sabías que el padre de Uma Thurman, Robert Thurman, es un erudito en budismo indotibetano? Hubo un tiempo en que también fue monje budista. En su libro *El budismo tibetano esencial*, describe a los bodhisattvas como «los seres arcangélicos del budismo».

Bodhi significa 'iluminación' y *sattva* es 'expresión verdadera' o 'pureza', de modo que se trata de seres de una verdad iluminada y expresión clara. O ya están iluminados, o avanzan hacia la iluminación. A la vez etéreos y vivos, están dedicados al servicio de todos los demás seres sensibles.

Según la tradición budista, Avalokiteshvara, el señor de la compasión, estaba mirando hacia abajo, a la tierra, y, al ver a la gente sufriendo, lloró lágrimas de compasión. Sus lágrimas cayeron del cielo y golpearon el barro, y del barro surgieron flores de loto de las que nacieron seres de brillo y luz. Estos seres se acercaron a aquellos que sufrían y se dedicaron a liberarlos por completo. Eran bodhisattvas.

La gente reza a los bodhisattvas, canta para invocarlos y también enciende velas. Puede que incluso conozcas a alguno de estos seres (Tara Verde es uno de ellos).

Otra cosa interesante que realmente ha influido en mi enseñanza es que, para invocar a los bodhisattvas, hay que parecerse más a ellos. En la tradición mahayana del budismo, el objetivo consiste en salir de la rueda del karma y entrar en un lugar de luz y brillo, para convertirse así en un bodhisattva.

Tanto la tradición hindú como la budista tienen una deidad llamada Garuda, conocido como el rey de los pájaros o el señor de las aves. Este ser divino aparece representado como una especie de cruce entre un humano y un águila.

Si estudias yoga, quizá te suene *Garudasana* (o postura del águila), una postura de pie que es un tanto desafiante. A partir de *Tadasana* (o postura de la montaña), de pie, con los brazos levantados hacia el cielo y los dedos unidos, doblas un poco las rodillas y envuelves una pierna con la otra. Luego rodeas un brazo con el otro, lo sostienes frente a la cara y... ¡mantienes el equilibrio! Ahora quédate así el máximo tiempo posible (puedes intentarlo después).

Otra enigmática deidad del hinduismo es Krishna, el dios de la compasión y el amor, a menudo representado con la piel azul. Según el Bhagavad Gita, surgió como guía espiritual de un gran guerrero llamado Arjuna, que oraba a Vishnu para pedirle ayuda. Similar a un ángel, Krishna es una expresión de Dios, lo que en el hinduismo se denomina *avatar*, pero no el propio Dios en su totalidad.

En los cañones de lo que ahora se denomina Utah, en Estados Unidos, los cazadores-recolectores tallaban y pintaban grandes figuras con forma humana, puede que hace miles de años. (Un repaso rápido sobre el arte rupestre, por si lo necesitas: las pictografías se pintan y los petroglifos se tallan; saber esto es muy útil si estás planeando unas vacaciones en un parque nacional del oeste estadounidense). Los ojos huecos o faltantes confieren a esas figuras una apariencia espeluznante y recuerdan de inmediato al arte de los aborígenes australianos, del que hablé más arriba, por no mencionar la primera vez que vi a un ángel en aquella barbacoa.

En el Cañón de la Herradura, en el Parque Nacional Tierra de Cañones, una figura destaca sobre las demás: impactan la ausencia de los redondos ojos (las otras figuras parecen estar completamente pintadas) y los hombros enormemente anchos, que quizá sean una capa (o alas). Esta figura se conoce como «el santo del Cañón Barrier». Parece como si estuviera flotando. Buckhorn Wash, también en Utah, presenta igualmente un arte rupestre de aspecto sobrenatural. Sus figuras parecen vigilar el río San Rafael; algunos visitantes las llaman «los ángeles de la lluvia».

El agradecimiento a los espíritus —por la lluvia y muchas otras cosas— es una práctica que se puede encontrar por todo el mundo. En la tradición celta, los druidas —los sacerdotes chamánicos— tenían una profunda veneración por el mundo natural. Invocaban a los espíritus de un paisaje determinado, como un bosque o un río, y les daban las gracias por haberles acogido en su espacio y tiempo. A continuación, llevaban a cabo rituales en pos de protección y dirección espiritual. Los celtas también buscaban en las formas naturales orientación y respuestas a sus oraciones.

En el otro lado del mundo, los nativos de Hawái, los kānaka maoli, piden la bendición de la diosa Pele cuando penetran en su paisaje. Pele es la diosa de los volcanes y, según se cree, reside en la cima del volcán Kilauea.

El pueblo mesopotámico contaba con unas criaturas llamadas apkallu, 'los sabios', deidades provistas de alas con cuerpos humanos, y cuyas cabezas podían ser humanas o de águila. Considerados como los precursores de los ángeles, las obras de arte suelen representarlos en el acto de proteger al rey y la naturaleza, así como involucrados en actividades rituales. Me parece fascinante la similitud que guardan estas obras con las descripciones de los ángeles plasmadas en la Biblia, en la visión de Ezequiel.

Ezequiel fue, en el siglo VI a. C., un sacerdote y profeta en Jerusalén, si bien su encuentro angelical tuvo lugar durante su cautiverio en Babilonia. Con la caída de Jerusalén y la destrucción del Templo, el pueblo hebreo se vio expulsado de Israel. Tras cinco años de exilio, la situación parecía más bien desesperante.

Sentado junto a un canal, en el día de su trigésimo cumpleaños, Ezequiel tuvo una visión, gracias a la cual pudo darle al grupo de refugiados que lo rodeaba la esperanza de que algún día regresarían a Israel y construirían un nuevo templo. (Por si no lo sabías, lo consiguieron, y duró bastante tiempo, hasta que los romanos lo destruyeron en el año 70 d. C. y los judíos fueron nuevamente expulsados).

Entonces, ¿qué fue lo que vio Ezequiel?

> «Vi un viento huracanado que venía del norte: una gran nube y un fuego zigzagueante con un resplandor en torno, y desde el centro del fuego como un resplandor de ámbar, y en el centro de todo la figura de cuatro seres vivientes. Este era su aspecto: tenían forma humana, con cuatro rostros y cuatro alas cada uno. Sus piernas eran rectas y las plantas de sus pies como las de un becerro. Brillaban como bronce bruñido. Debajo de las alas tenían manos humanas por los cuatro costados; los cuatro tenían rostros y alas. Sus alas se juntaban una a la otra. No se volvían al caminar; caminaban de frente. Su rostro tenía este aspecto: rostro de hombre y rostro de león por el lado derecho de los cuatro, rostro de toro por el lado izquierdo de los cuatro, rostro de águila los cuatro. Sus alas estaban extendidas hacia arriba: un par de alas se juntaban, otro par de alas les cubría el cuerpo. Los cuatro caminaban de frente; avanzaban a favor del viento, sin volverse al caminar. Y en medio de los vivientes había como ascuas encendidas; parecían antorchas agitándose entre los vivientes. Había un resplandor de fuego y de él salían relámpagos. Los seres vivientes corrían en todas direcciones, como rayos»[1].

Asombroso, ¿verdad? Un ángel con seis alas y cuatro caras: un águila, un hombre, un toro y un león. Y ángeles que aparecen en esferas de luz, pequeños orbes. Ahora aparecen en un montón de fotografías. Seguramente los has visto muchas veces.

Es posible que, en aquel Templo en ruinas, los exiliados sintieran que se encontraban lejos de la morada de Dios, pero el Todopoderoso les demostraba con claridad que Él no se limitaba a ningún lugar en particular. Estaba con ellos junto al canal en Babilonia, al igual que lo había estado en Jerusalén. Sin límites.

Aunque con diferentes nombres y en el marco de distintas tradiciones, existe una línea que nos lleva desde el remoto desierto de Australia hasta los adoradores de Krishna, en las coloridas calles de Jaipur. Las similitudes de todas estas tradiciones nos permiten señalar que los encuentros con los ángeles ocurren desde hace miles de años.

LOS ÁNGELES EN EL ARTE RENACENTISTA

Todas las imágenes que he descrito anteriormente contribuyeron al surgimiento, en la época renacentista, de la representación de los ángeles tal y como la conocemos hoy en día.

En el siglo XV, Andrea del Verrocchio esculpió *Putto con delfín*: un niño pequeño, desnudo, con alas, mejillas regordetas y cabello ondulado (y un delfín). En el mismo siglo, el pintor español Bartolomé Bermejo pintó *San Miguel triunfante sobre el demonio*, obra en la que podemos ver a Miguel como un guerrero con alas rojas, doradas y negruzcas. Miguel, que levanta la espada por encima de su cabeza, parece bastante humano. También por la misma época, el pintor italiano Filippo Lippi representó a los ángeles como seres humanos con alas doradas y cabello rubio y rizado.

Alrededor de 1522, Rosso Fiorentino pintó *Ángel músico*, óleo que muestra a un ángel pelirrojo que, provisto de un par de alas blancas con plumas rojizas, toca el laúd. El propio artista era pelirrojo, lo que nos permite deducir que tal vez eso haya influido en su decisión.

En la parte inferior de la obra *Madonna Sixtina*, de Rafael, pintada a mediados del siglo XVI, aparecen dos angelitos (querubines) con alas, en una especie de posición de descanso. Si miramos el cuadro más de cerca, podemos ver muchos rostros de ángeles alrededor de María, quien sostiene a Cristo.

Los ángeles abundan en las obras maestras del pintor italiano Sandro Botticelli, donde aparecen como bellos humanos con alas blancas.

En 1597 Michelangelo Caravaggio representó a su ángel en *Descanso en la huida a Egipto* como un joven blanco, prácticamente desnudo y con alas blancas.

Estos artistas del Renacimiento y el Barroco temprano hicieron que los ángeles resultaran más atractivos. Puesto que era difícil saber cómo una criatura podría moverse por el aire, quizá la gente pensó: «Vamos a darles alas». No es de extrañar que los artistas europeos a menudo representaran a los ángeles con cabellos rubios y ojos azules, impulsando así la perspectiva que los colonizadores querían establecer. A su vez, los ángeles que vemos hoy en el arte y en las películas son, en realidad, un producto del período del Renacimiento.

Sin embargo, como ya sabes, los ángeles aparecen de diferentes formas y tamaños.

LOS ÁNGELES ESTÁN AQUÍ PARA TODOS

Todos tenemos un aspecto diferente, ¿verdad? Ponme en medio de la calle Takeshita, en Tokio, y seré treinta centímetros más alto que la mayoría de la gente de allí. Seré más blanco, más corpulento y probablemente tendré más tatuajes. Pero seguiré siendo humano, al igual que todas las personas que me rodean. Y lo mismo ocurre con los ángeles; independientemente de sus nombres y formas, nos ayudan a abrazar una diversidad que deberíamos celebrar.

Después de que un tornado acabase con la vida de sus padres, Ari Hallmark, conocida como «la chica que veía ángeles», describió así al ángel que se le apareció: extremadamente alto, con cabello largo y rubio. La criatura parecía «joven, hermosa y sana»[2], y costaba saber si era un hombre o una mujer. Lo que más llamó la atención de la chica fue un sentimiento de «afecto». En *The Girl Who Saw Heaven: A Fateful Tornado and a Journey of Faith*, se nos da más información sobre su experiencia. «No recuerdo muchos sonidos en el cielo, así que, con mi ángel era más bien como si, al comunicarse conmigo, yo pudiese sentir lo que decía sin que realmente lo dijera»[3]. La niña de seis años vio también a otros ángeles y, cuando regresó a la Tierra, plasmó en dibujos su experiencia.

Hay seres invisibles ahí fuera. Y están aquí para ayudarnos. Pero también pueden aparecer. Tal vez veas una neblina de un color difuso o una criatura que se parece a un pájaro, pero ambos comparten la misma esencia. Están ahí para ti. Tu religión, tu color de piel o tu orientación sexual no importan; los ángeles están para ti. Para todos.

Cuando comencé a investigar un poco y a estudiar la antropología de los seres espirituales, me di cuenta de que tenía que introducir en mis enseñanzas algo sobre todas esas fascinantes formas y similitudes históricas. Hice un pacto conmigo mismo: mi trabajo iba a abordar la diversidad. En 2013, en mi propuesta para *Oraciones a los ángeles*, mi principal enseñanza atañía a la diversidad entre los ángeles. Me inspiraron para ello los *kami*, las pinturas rupestres, la devoción por Krishna. Mi investigación me llevó a hacer que los ángeles resultaran lo más inclusivos posible, pertenecientes a todos, tal y como habían sido a lo largo de los siglos. Quería que el mundo entero percibiera su llamada y se sintiera conectado a todos ellos, y no solo a aquellos que se correspondieran con la forma en que los pintores del Renacimiento habían decidido representarlos.

En ese momento yo usaba las cartas de ángeles de otra persona. Todos los ángeles de esa baraja eran blancos. Le hice una lectura a una mujer negra y me sentí incómodo al darle la vuelta a los naipes. Ninguno de ellos la representaba.

En otra ocasión, durante una lectura por Skype con otra consultante, abordamos el tema de la sanación de la madre: sanar la línea materna. Cerré los ojos y pedí a mis seres queridos y a los ángeles que se acercaran en favor de esa mujer que nunca se había sentido amada ni querida por su madre. En mi mente, les pregunté a los ángeles: «¿Cómo podemos sanarla?».

Los ángeles mostraron el alma de una amada doncella negra, llamada Annabel. Cuando le conté esto a la mujer a la que le estaba realizando la lectura (que, por cierto, era blanca), ella se echó a llorar. «Fue quien me crio», dijo.

La consultante provenía de una familia adinerada, en la que las niñeras criaban a los hijos, y ella adoraba a la suya, Annabel. Llegó el momento de separarse, y ya no volvió a verla ni a hablar con ella; nunca se recuperó de esa ruptura. Deambulaba por la vida sin haber cerrado la relación que tuvo con esa mujer, la persona más importante en toda su existencia.

Cuando vi por primera vez a mi ángel de la guarda, supe que el hecho de que fuera negro era un mensaje para mí. No es que yo esté aquí para hablar en nombre de nadie, sino más bien para hacer que mi trabajo sea más sencillo y accesible para todos. Así que, al crear mis propias cartas oráculo, quise que cambiáramos la forma de representar a los ángeles. Teníamos que incluir todos los tonos de piel, todas las formas, tamaños y edades. El mensaje podía resumirse así: «No importa quién eres, nadie cae en el olvido».

De hecho, yo solía decir: «A ojos de los ángeles, todos somos iguales», pero, con la aparición de los movimientos Black Lives Matter y Me Too, esta frase parecía insuficiente. El verano pasado hablé de este asunto con mi amiga, la psicóloga y doctora Deborah Egerton, una experta en diversidad. En ese momento me encontraba inmerso en un gran trabajo interno para asegurarme de que mis enseñanzas e intenciones estuvieran en consonancia con mis acciones. La «Dra. E.», como muchos la llamamos con cariño, me aconsejó que invocara a los ángeles para que compartieran conmigo una nueva forma de transmitir mi punto de vista. Así lo hice, y recibí el siguiente mensaje: «El amor no ha olvidado a nadie». ¡Tachán! Esa era mi nueva presentación.

Todos venimos de diferentes entornos y vivimos experiencias distintas. Pero procedemos de la misma presencia, y a ella regresaremos, la misma existencia de donde emanan los ángeles. Dicha presencia es el Amor y, por supuesto, ese Amor no ha olvidado a nadie.

Nuestro papel en la Tierra consiste en hallar, en nuestro interior y en nuestras vidas, aquellos lugares adonde no hemos permitido que llegara el Amor, y cambiar esta situación. Nuestro trabajo en este planeta nunca terminará hasta que la premisa «El amor no ha olvidado a nadie» se convierta en una realidad. Esto es lo que significa crear el cielo en la Tierra.

Existen muchísimas maneras en las que lo divino puede aparecerse ante nosotros. No puedo decirte cómo se presentará en tu vida. Eso tienes que descubrirlo tú mismo. Pero sí sé que lo hará. No se olvida de nadie.

Ahora que hemos aprendido un poco de antropología y hablado sobre por qué estoy tan comprometido con la diversidad en cuanto a la representación de los ángeles, me gustaría exponer un par de historias más acerca de las diversas formas de aparición de los ángeles, esta vez durante el siglo XXI.

ENCUENTROS CON ÁNGELES EN EL SIGLO XXI

Una noche de principios de noviembre me dirigía hacia Mauchline, un pequeño pueblo cerca del río Ayr, residencia del famoso poeta Robert Burns. Recuerdo esa noche con gran claridad. Llevaba escribiendo para *The Scottish Sun* más o menos un año —así que yo tendría alrededor de veintiuno—, y estaba previsto que hiciera una presentación sobre ángeles, que iría acompañada de algunas lecturas, en un club privado que estaba recaudando fondos para un equipo de fútbol escolar. Si mal no recuerdo, sustituiría a otro médium. No me gustaba mucho acudir a este tipo de eventos, pero era una buena manera de darme a conocer. Cobraría una tarifa fija y recaudaría dinero para el club. Sin embargo, me perdí por una carretera rural. Esto sucedió antes del GPS, por tanto, si te perdías, te perdías de verdad. Así que, ahí estaba yo, en esa oscura carretera rural, pensando: «¡Ay, mierda! No tengo ni idea de dónde estoy».

Y recuerdo que dije: «Ángeles, os agradezco que me enviéis una señal clara de que debo acudir a esa reunión, y también la dirección que he que tomar».

En ese momento, vi a una anciana en la distancia que se acercaba por el arcén. Estábamos en plena oscuridad, salvo por la luz proveniente de mis faros, y pensé: «Qué cosa más rara». Claramente no era mi seguridad lo que me preocupaba al ver a la pequeña anciana, pero aun así la situación resultaba un tanto extraña.

La mujer se fue acercando cada vez más, y yo me quedé mirándola. Tenía el pelo rizado, con un peinado de peluquería, y llevaba un pequeño chubasquero acolchado de color azul.

Finalmente llegó hasta el coche y dio unos golpecitos en la ventanilla.

—¿Se encuentra usted bien? —me preguntó con su marcado acento escocés.

—La verdad es que me he perdido —le contesté, mientras bajaba la ventanilla—. No encuentro este sitio.

Le mostré en el mapa el lugar al que intentaba llegar.

—Oh, yo sé dónde está —dijo con un tono relajado.

Me dijo hacia dónde debía ir y, cuando estaba doblando el mapa, me giré para darle las gracias y ya no estaba.

Saqué la cabeza del coche y miré a mi alrededor. No había otro lugar adonde ir excepto esa carretera, tanto en una dirección como en la otra, y no vi rastro de ella en ninguna de las dos direcciones.

¿Acababa de tener un encuentro con un ángel? Eso fue lo que se me vino a cabeza.

Aquella noche tuve un público difícil y me guardé la historia para mí, pero desde entonces la he rememorado muchas veces.

Una de mis clientas tuvo una experiencia en Francia que le hizo preguntarse lo mismo. Hacía poco que se había jubilado, y se estaba dando un capricho haciendo una peregrinación católica. Una tarde fue a visitar el monte Saint-Michel, frente a la costa de Normandía. Durante un rato que tenía libre, se alejó de la abadía por una calle lateral y, cuando llegó el momento de reunirse de nuevo con el grupo con el que viajaba, no encontraba la manera de volver a entrar. Se puso nerviosa mientras buscaba la forma de regresar, ya que estaba empezando a oscurecer y estaba sola en un país extranjero.

Trató de abrir las puertas de la abadía para refugiarse, pero estaban cerradas con llave. Desesperada, miró a su alrededor y pensó: «Dios, mándame a un mensajero. Ayúdame a encontrar el camino».

Al momento, sintió una mano en su hombro. Se giró para encontrarse de frente con los ojos de un chico de aspecto italiano y un hermoso pelo oscuro.

—Miguel —dijo él, señalando una abertura en las puertas que la mujer no había visto.

Ella le dio las gracias y se apresuró a entrar.

Apareciendo de la nada, dos personas han ayudado a forasteros perdidos a encontrar su camino.

Los ángeles —si es que lo eran, dejo en tus manos esta elección— pueden ayudar a la gente que también se siente sola desde un punto metafórico.

Una mujer en el sur de California se encontraba absolutamente devastada después del fallecimiento de su perro. Se sentía muy sola caminando por la playa sin él. Un día, de pie, con los pies sumergidos en el agua del océano, pensó: «Solo necesito saber que estás bien». Entonces un *golden retriever* apareció por sí solo de la nada, sin que hubiera señales de su dueño. Corrió hacia la mujer, y esta empezó a acariciarlo.

En su collar pudo leer una palabra: ÁNGEL.

Un toro, un águila, un león, un hombre. Una anciana con un peinado de peluquería. Un apuesto italiano. Un perro en la playa. Todos ellos han venido a ayudarnos. A indicarnos el camino. A traer lluvia a un país con sequía. A sanar a una mujer que lucha contra un cáncer que se apodera de su cuerpo. A decirle a una chica que ha perdido a su familia que los volverá a ver. Ellos están aquí. Este es el punto clave que quiero transmitirte ahora.

Si has leído alguno de mis anteriores libros, puede que recuerdes las descripciones detalladas de los diferentes ángeles, como sus colores, auras, personalidades y fortalezas. Las Míriam con su luz blanca. Raziel con su aura dorada. Camael con sus penetrantes ojos azules. Solía entrar mucho en detalle, por ejemplo, cuando conté que Uriel puede ayudar a quienes trabajan por cuenta propia, y también está asociado con la salud de los hombres. Al principio de mi carrera, hacía lo que me decían. Yo era el chico nuevo, el joven, el que trataba de triunfar, a veces hasta me abucheaban sobre el escenario. Todavía invoco a algunos ángeles concretos —llamo al arcángel Miguel a diario, y recurrí a Rafael para ayudar a mi padre con un asunto laboral—, pero el objetivo de escribir este libro es hacer que los ángeles sean lo más alcanzables y accesibles posible; si la gente termina creyendo que tiene que memorizar una enciclopedia sobre auras y energías, es posible que dejen escapar el beneficio esencial de nuestra relación con los ángeles.

Lo que quiero decir es que conectar con los ángeles es fácil, y no me necesitas a mí para hacerlo.

Hay millardos de ángeles *ahí fuera*, pero con
solo decir «mi ángel» puedes invocar al tuyo.

Es suficiente con que digas: «Hey, a cualquier ángel que esté ahí fuera: gracias». Si te olvidas del marcado mentón de Azrael o de cómo pronunciar su nombre en árabe, no pasa nada. Las descripciones de los ángeles han ido cambiando a lo largo de las épocas, pero tu ángel ha estado ahí durante todos ellas, e incluso antes.

También puedes añadir: «Qué bien me siento al saber que estoy en conexión con mi ángel».

Y así es.

6

Las leyes espirituales

«La experiencia más bella e intensa que podemos tener
es la sensación de lo místico, que se encuentra
en el origen de toda verdadera ciencia. Esa profunda
convicción emocional de la presencia de un poder
de razonamiento superior, que se revela en el universo
incomprensible, forma mi idea de Dios».

ALBERT EINSTEIN

UNA NOCHE DE PRINCIPIOS DE JUNIO estaba realizando la sesión
colectiva Angel Team Live que suelo hacer el primer domingo de cada mes. Al final de cada encuentro, elijo en directo
a tres personas y les hago a cada una de ellas una lectura frente
al resto del grupo (normalmente unas 400 personas lo ven en
tiempo real y hasta 1300 lo ven en diferido). Para seleccionar a
esas tres personas, abro la lista de participantes, cierro los ojos,
recorro con el ratón la lista de invitados y dejo que se detenga
en nombres aleatorios. La persona que elijo puede hacer una
pregunta.

Cuando empecé a hablar con la primera mujer (era de algún lugar de Estados Unidos), tuve la sensación de que, cuando
estaba cerca del agua, se sentía conectada. En mi mente yo
evocaba una gran masa de agua, como el mar o un lago.

—Oh, es mi piscina —confirmó la mujer mientras asentía.

Pero yo sabía que había algo más que una piscina, así que
me dejé llevar por la imagen. Cerré los ojos. Cuando realizo
estas sesiones, simplemente confío en lo que percibo sabiendo
que tiene algún significado, aunque no siempre sabemos cuál
en ese preciso momento.

—Cuando me dirijo hacia el agua, hay un hombre esperándote —le dije a la mujer.

—¡Ay, Dios mío! —exclamó—. ¡Es mi difunto marido! Era capitán de barco.

Cuando se unió una mujer para la lectura final, me sorprendió gratamente que hablara con acento escocés. Siempre que hablo en público, tiendo a enmascarar mi acento glasgüense (también llamado *Weejie*), de modo que la gente de cualquier parte pueda entender lo que estoy diciendo. Sin embargo, en cuanto escucho otro acento escocés, no puedo evitar relajarme, así que mi propio modo de hablar se vuelve más intenso y marcado.

Como hago con todos los que se unen, le pregunté a la mujer su nombre y dónde vivía. Me dijo que se llamaba Sharon y que venía «del otro lado del túnel», y pasó a explicarlo: «Vivo cerca de Rouken Glen Park». Rouken Glen Park es un parque gigante en el sur de Glasgow. Yo ya lo conocía bien porque había estado varias veces paseando a mis perros por allí, y también había asistido a los rituales públicos que tienen lugar durante los festivales celtas celebrados por un grupo llamado Druids of Caledon.

—¿Desde cuándo eres miembro de Angel Team? —le pregunté.

—Desde el principio. Pero, de hecho, hace diecinueve años me hiciste una lectura en la cocina de Isobel Knox.

Le debería haber dicho que no tenía de idea de quién era Isobel, pero supuse que sería alguien que había organizado alguna sesión de lecturas de ángeles (esas reuniones a las que asistía en los hogares de la gente durante el comienzo de mi carrera).

—Ay, Dios —dije—. ¡Qué joven sería de aquella!

—Sí que eras muy joven, pero déjame decirte que ¡fue la mejor lectura que me habían hecho nunca!

Me llené de emoción. Fue conmovedor escuchar que alguien había seguido mi trayectoria durante tanto tiempo, como hizo Sharon.

—Bien, ¿y en qué puedo ayudarte hoy? —le pregunté—. ¿Cuál es tu pregunta?

—He disfrutado mucho de aprender sobre espiritualidad y compartir mis conocimientos con los demás —respondió Sharon—, pero he perdido la confianza en todo ello y, como siento que yo no he sanado, no sé si puedo ayudar a sanar a los demás. Quiero saber si este es el camino correcto para mí, Kyle.

En ese momento, cerré los ojos y di las gracias a los ángeles por transmitirme mensajes de claridad para que Sharon los escuchara. Saqué una de mis cartas de ángeles por ella, y resultó ser el arcángel Rafael, *Claridad de visión*.

Como siempre, dejé que fluyera por mí todo lo que me llegaba.

—Antes de hacer la lectura, quiero compartir algo importante —le dije—. No es necesario estar completamente curado para poder sanar a otros. ¡Realmente creo que los heridos pueden ser sanadores! Como se dice en el libro *Un curso de milagros*: «Cuando me curo, no soy el único que se cura», y yo pienso que, al compartir la curación con los demás, también podemos recibirla nosotros mismos. *Un curso de milagros* también afirma que «enseñar es aprender», y por eso mismo creo que una de las formas más claras de estar más conectado con los ángeles es compartiéndolos con los demás.

Entonces pude sentir que los ángeles que estaban junto a Sharon empezaron a enviarme impresiones sobre su energía. Pude ver que esa mujer era el miembro más fuerte y sensato de su familia, la persona en la que todos los demás confiaban. Aunque esto podría parecer una carga pesada, pude sentir que eso le otorgaba un sentimiento de pertenencia y propósito en el mundo.

Le conté todo lo que estaba descubriendo y Sharon me confirmó que era correcto.

—Siento que siempre has sido una persona segura —continué—. Nunca has dudado de ti, por tanto, la razón por la que ahora te sientes tan insegura es porque esto no está en tu naturaleza.

En mi interior pregunté: «¿Por qué le está ocurriendo esto a Sharon?», y de pronto, inesperadamente, tuve una visión de ella en un círculo de mujeres. Daba la sensación de que a todas les interesaba el trabajo espiritual, pero parecía que a una de ellas no le gustaba Sharon. Pude ver a esta mujer diciéndole algo en el sentido de que no estaba preparada, y me di cuenta de que fue eso lo que influyó negativamente en Sharon.

—Alguien más se ha metido en tu cabeza —le dije—, y eso es lo que ha afectado a tu seguridad y te hace dudar de ti misma.

—¡Sí! ¡Tiene sentido! —respondió Sharon.

—De hecho, creo que te ha echado un mal de ojo.

—Yo también lo creo.

El mal de ojo es cuando alguien envía energía negativa hacia ti y hace todo lo que está en su mano para hacerte la vida imposible. No todo el que lanza un mal de ojo sabe que en esencia está infiltrando negatividad en tu campo áurico, pero hay algunas personas que hacen esto de manera intencional; a estos los llamamos *vampiros psíquicos*.

Por desgracia, es muy común que aquellos que tienen menos éxito intenten frenar a aquellos que tienen más dones espirituales.

Le expliqué a Sharon todo lo que había descubierto.

—El arcángel Rafael, cuyo nombre significa 'Dios sana', es el ángel de la curación, pero igual de importante es el hecho de que también es el ángel que puede ayudarnos a ver con claridad —le expliqué—. Las ideas que otra persona tiene sobre ti te han nublado la visión y estás creyéndote su historia en vez de tu verdad. —Sharon parecía pensativa—. Tus ángeles están aquí para ayudarte a ver con transparencia esta situación —continué—, y para que sepas que eres absolutamente merecedora de una conexión espiritual y más que capaz de compartirla con los demás. Tienes que continuar haciéndolo.

Me detuve para que Sharon procesara la información y, a continuación, le hice una pregunta:

—¿Estás dispuesta a liberarte de las historias falsas que otros han infiltrado en tu energía?

—Sí —contestó.

Era el momento de volver a darle las gracias a los ángeles. Y eso fue exactamente lo que hice, pero ahora en voz alta:

—Gracias, ángeles, por eliminar las ideas ajenas y las malas intenciones del aura de Sharon con efecto inmediato. Gracias por cubrirla con una luz dorada de amor y seguridad.

Después hablé un poco sobre la importancia de formar parte de una comunidad, y Sharon estuvo de acuerdo. En ese instante, me llegó otra imagen nítida. Esta vez se trataba de una cicatriz que recorría el pecho de alguien.

—¿Tienes algún conocido con una gran cicatriz en el pecho? —le pregunté.

Sharon asintió.

—Es la hermana de mi mejor amiga —dijo—. También es amiga mía. La operaron a corazón abierto y por eso tiene una enorme cicatriz.

Dado que estábamos hablando de comunidad, me pareció evidente que ahí era pertinente fortalecer una.

—Siento que esa persona quiere ser una parte más importante de tu vida —le expliqué a Sharon—. Tienes que acercarte a ella. Hay una presencia que intenta uniros.

Sharon no parecía sorprendida en absoluto.

—Está terminal —añadió—, y dice que no es creyente. —Sharon continuó explicándome—: Su hermana es muy religiosa, pero ella no cree en nada espiritual. Y de forma muy tajante. Aun así, creo que está pidiendo ayuda.

Ambos entendimos que esa mujer consideraba a la religión y la espiritualidad como una debilidad. Sin embargo, durante esta invocación estaba ocurriendo algo realmente poderoso, tanto que se me puso la piel de gallina.

—Son sus últimos días de vida —continuó Sharon—, y está desesperada por encontrar algo que le sea de ayuda, que le proporcione un poco de calma.

Le expliqué a Sharon que no era necesario que recurriese a la espiritualidad para esta hazaña en concreto. Que tan solo estar a su lado, pasando algo de tiempo juntas, podría desembocar en un despertar espiritual para ambas. En otras palabras, todo lo que tenía que hacer era ayudarla, y ya el universo se ocuparía del resto.

El estado de ánimo de Sharon mejoró visiblemente al escuchar este mensaje. Esta tarea la hizo pasar de centrarse en todas las formas en que las cosas no eran justas para ella a cómo podría acompañar a una mujer que estaba sufriendo durante el final de su vida.

Unos días antes de este encuentro, había visto que Thirty Seconds to Mars, la banda de Jared Leto que me encantaba cuando era adolescente, vendría a la ciudad pronto. Llamé a Robyn —somos amigos desde que íbamos a clase de biología juntos—, y le dije que teníamos que conseguir unas entradas. Pues bien, unos días después de esa sorprendente revelación durante el Angel Team Live, Robyn me dijo que estábamos en la lista de invitados gracias a una conocida suya, cuya madre era aparentemente mi mayor fan.

La banda tocaba en el Hydro, la sala de conciertos más grande de Glasgow, que parece un enorme ovni ¡y que cambia de color por la noche! En la entrada me pusieron una pulsera con el número 00444, lo cual era un tanto extraño, ya que Robyn había recibido la pulsera justo antes y su número era el 00334. Los números asignados suelen ir seguidos, ¿no? Para los que no lo sabéis, el 444 es *el* número del ángel.

———————————— ◆ ————————————

Ver el número 444 es un mensaje cuyo
significado es que estás rodeado de ángeles.

————————————————————————

Robyn invitó a Kiara (la mujer que nos había puesto en la lista) a que se pasara y poder saludarla después del concierto. Quería agradecerle haber sido tan generosa. ¿Y sabes lo que me dijo nada más conocerla?

—¡Así que tú le hiciste una lectura a mi madre el otro día! ¿Te acuerdas de que le hablaste sobre la cicatriz que una de sus amigas tiene en el pecho?

¡La madre de Kiara era Sharon! La mujer de la revelación de aquel domingo por la noche.

Desconozco si Sharon y la mujer de la cicatriz estrecharon lazos. Espero que sí. Por lo que me contó Sharon, estaba claro que la mujer de la cicatriz no había pedido ayuda a los ángeles, pero de todos modos ellos se apresuraron a ayudarla. ¿Será que alguien había invocado la Ley Divina de la Gracia para esta mujer? ¿O podría deberse a la Ley Divina de la Compensación? Parece que ha llegado el momento de hablar de estas dos leyes y de cómo funcionan.

Considero estas leyes como si fueran directrices, aunque no es que hayan llegado hasta nosotros escritas en un pergamino. En esencia, son mis conclusiones acerca de qué cosas funcionan a medida que fui desarrollando mi intuición y trabajando en mejorar mi comunicación con los ángeles. Estas son las dos leyes:

1. *La Ley Divina de la Gracia:* Podemos ayudar a llevar la gracia a otras personas.
2. *La Ley Divina de la Compensación:* Cuando ayudamos, también nosotros recibimos ayuda.

Ambas leyes son realmente bonitas, y juntas nos ayudarán a entender mejor nuestra conexión con lo divino. Vamos a abordarlas por separado, empezando por la Ley Divina de la Gracia.

La Ley Divina de la Gracia

Podemos ayudar a llevar la gracia a otras personas

Teniendo en cuenta todo lo que hemos aprendido hasta ahora sobre los ángeles, sabemos que no son capaces de ayudarnos a menos que se lo pidamos. De hecho, esta es la principal lección, y se basa en el concepto de libre albedrío. En resumidas cuentas, tenemos poder de elección. Nosotros decidimos si queremos aceptar ayuda o no. Aunque es cierto que tengo esta creencia, siempre me ha rondado la cabeza una cuestión en torno a este asunto (como habrás notado, tengo preguntas sobre casi todo).

Aquí es donde las cosas se me complican: muchas personas han tenido experiencias o encuentros con ángeles, que acudieron en su salvación o en su ayuda, incluso a pesar de no haber pedido su asistencia. Quizá tú mismo seas uno de ellos, o puede que conozcas a alguien que le haya ocurrido. Estás a punto de poner un pie en la carretera, no ves que un coche avanza a toda velocidad, y una mano invisible aparece de la nada y te arrastra hacia atrás. Si eres como yo, puede que te preguntes: «¿Por qué me han salvado si yo no lo he pedido?».

Aquí es donde entra en juego la Ley Divina de la Gracia. ¿Y si tu alma ha rezado por ti? Quizá no hayas dicho nada a nivel consciente, pero puede que tu alma enviase un pequeño mensaje de socorro. O tal vez alguien más estaba cuidando de ti, puede que actuando como el mensajero de un ángel. De cualquier manera, es posible que el vehículo que avanzaba a toda velocidad estuviera a punto de impedirte cumplir otras misiones o experimentar los resultados que habías comenzado a crear, pero fuiste salvado por medio de la gracia.

La gracia otorga una segunda oportunidad, te da un respiro. La gracia perdona. Minimiza las excusas. Protege. Revela. Elige al espíritu por encima del miedo. Lleva ángeles allí donde son más necesarios. Da sin recibir. Es más de lo que podríamos haber esperado. No pedimos que se nos conceda, o incluso puede ser que siempre la hayamos merecido. Si lo piensas bien, la gracia es la esencia de los ángeles, y no sería posible sin el amor divino.

¿Cómo hemos tenido la suerte de estar rodeados de seres amorosos y solidarios en todo momento? Desconozco la respuesta, solo sé que lo estamos. Y sé que esta gracia también está conectada con nuestras creaciones y manifestaciones. Esos seres nos sostienen, nos empujan a seguir adelante.

Empecé a hace uso de la Ley Divina de la Gracia cuando oraba por personas que sabía que quizá estaban pasando por un momento difícil. Esta ley es de especial utilidad cuando rezo por alguien que no puede evitar algo (por ejemplo, alguien que está luchando contra una adicción). Invoco a los ángeles a través de la Ley Divina de la Gracia para que guíen a esta persona a un espacio de plenitud o sanación. Sé que, si esto se hace en aras de su mayor beneficio, lo conseguirán.

◆

Orar por el beneficio de otra persona
atrae a los ángeles.

Todas las personas podrían rezar por sí mismas, pero no lo hacen. Posiblemente se hayan desvinculado de su espiritualidad, o puede que no estén alineadas con el reino de los ángeles por alguna otra razón. Como le ocurría a la amiga de Sharon. Sharon entendió que su amiga había erigido una barrera, pero una parte de ella buscaba derribarla para recibir la gracia.

¿Hay alguien en tu vida que no esté en condiciones de orar por sí mismo? ¿O que tal vez ponga grandes excusas y no quiera reconocer lo interconectados que estamos todos? Puedes solicitar un momento de gracia para esa persona. Puedes pedir la gracia para salvarla.

Algunas personas realmente se salvan, se sanan o son guiadas porque alguien oró por ellas. Creo que muchos de nosotros nos hemos salvado gracias a las oraciones de nuestros antepasados. Piensa en alguien que alguna vez conociste y que tal vez ya no esté en esta Tierra, pero cuyas oraciones puede que te sigan protegiendo.

Esta es una de las cosas que más adoro de mi trabajo. Tener la noción de que esta posibilidad existe es muy alentador. No tenemos que entender exactamente cómo funciona para saber que funciona. Esta es otra razón importante para vivir nuestras vidas con gratitud. ¡Qué maravilloso es saber que las oraciones de los que nos precedieron nos ayudan y sostienen!

Hay otra cosa interesante sobre la Ley Divina de la Gracia: nos muestra cómo enviar ayuda a los demás sin adueñarnos de sus viajes espirituales o asumir sus responsabilidades. No tenemos que sobrecargarnos por lo que otros están pasando (recuerda la importancia de marcar límites). La Ley Divina de la Gracia también nos proporciona espacio. No nos involucramos en la situación de los demás ni tratamos de resolverla, simplemente les enviamos amor y apoyo.

¿Recuerdas cómo expresó esto Sharon cuando habló de esa amiga suya que tenía una cicatriz? Dijo que estaba buscando algo que «le proporcione un poco de calma».

Ahora pasaremos a abordar la segunda ley que mencioné antes y que, por supuesto, está relacionada con todo lo que acabamos de hablar.

La Ley Divina de la Compensación

Cuando ayudamos, también nosotros recibimos ayuda

Esta ley trata de convertir la gracia en una fuerza poderosa. ¿Recuerdas haber aprendido a calcular un total acumulado en clase de matemáticas? Es un término relacionado con la palabra *acumulativo*; es decir, que sigues añadiendo a medida que avanzas. La Ley Divina de la Compensación analiza el efecto acumulativo de la beneficencia y las buenas acciones.

A veces todo el bien que has hecho en tu vida te salvará. De hecho, puede volver a ti multiplicado por diez. Serás compensado por tu compasión. La compasión no es solo una energía de amor que brota de ti, sino también una que regresa a ti.

Me encanta conectar a la gente. Viajé a Los Ángeles hace unos tres años y me reuní con unos colegas del ámbito de desarrollo personal, quienes ahora son todos amigos. Algunos también forman parte de alianzas empresariales. Una de las mejores personas con las que me he encontrado, a quien llegué a conocer más durante ese viaje, es la psicóloga y *coach* de negocios Niyc Pidgeon, cuyo segundo libro, *One More Day*, salió a la luz en septiembre de 2024. En él menciona un viaje de retiro que realizó a Barbados. Durante una cena que yo mismo organicé, sugirió que me uniera también al viaje para enseñar kundalini yoga y meditación. Ambos practicamos este tipo de yoga, y creo que esa es una de las razones por las que nos llevamos tan bien.

La última mañana del retiro, mientras estábamos desayunando, Niyc me habló de su propósito de ayudar a las personas a superar tiempos oscuros utilizando la psicología positiva. Me confesó que varios de sus amigos cercanos se habían quitado la vida. Me acerqué a ella: quería escuchar más, y algo dentro de mí me decía que se trataba de un propósito de vida importante. Niyc mencionó que, estando con su gran amiga Sophie en el coche tras el funeral de uno de sus amigos, esta le dijo: «Tenemos que hacer un pacto. ¡No podemos permitir que esto vuelva a ocurrir!», y Niyc le dio la razón. Por desgracia, poco tiempo después, Sophie también se suicidó.

Mientras contemplaba el océano y la arena blanca de Sandy Lane, se me llenaron los ojos de lágrimas. Se me puso la piel de gallina cuando le dije: «Tú no puedes romper el pacto. Aunque Sophie no esté aquí para ayudarte, tienes que cumplir tu parte y escribir ese libro para cumplir con tu vocación».

Yo estaba seguro de que los ángeles ayudarían a Niyc con su propósito. Los sentía allí, junto a nosotros. A Niyc también se le puso la piel de gallina y nos cogimos de la mano, asintiendo, sabiendo que se trataba de una llamada espiritual.

Niyc me dijo que ya había comenzado una propuesta para su libro, y le hice saber que tenía que seguir adelante. Los ángeles vinieron en manada para apoyarla. Fue un momento tan poderoso ¡que hasta escribió sobre él en su libro!

Niyc es ahora una de mis mejores amigas, pero, incluso antes de llegar a serlo —en cuanto volví al Reino Unido—, llamé por teléfono a la directora general de Hay House UK para hablarle sobre la importancia de este libro. ¡Y por supuesto que cogieron su proyecto! Niyc también fue la *coach* de negocios de un buen amigo y le ayudó a cuadruplicar sus ingresos en cuestión de meses. Con tan solo estar cerca de Niyc, me siento más pleno y tengo más confianza en mis propios dones.

Me encanta establecer este tipo de conexiones, entre otras cosas, porque mi vida se rige por el dicho: «Cuantos más, mejor», y así es como lo interpreto yo. Pero también comulgo con la Ley Divina de la Compensación y sé que recibiré ayuda a cambio. No se trata de una transacción: yo te doy acceso a una gran editorial, y tú a cambio me reservas un retiro en el Caribe. No, la compensación vendrá de un poder superior. Te apoyaré en tu camino espiritual, lo que a su vez me ayudará en el mío. Los ángeles quieren que nos sintamos parte de algo. Los ángeles también son conectores. Cuando nos reunimos, ellos se reúnen con nosotros.

———————◆———————

La compensación divina se produce
cuando todos tus buenos actos regresan
para bendecir tu vida.

A este respecto, a veces me viene a la mente la palabra *karma*, pero he dejado de usarla a menos que pueda proporcionar un contexto. La idea proviene del hinduismo y también está presente en el budismo. El concepto es que, a medida que pasamos de una vida a otra, nuestras acciones, tanto buenas como malas, se reflejan en nosotros hasta que finalmente rompemos la rueda del karma y alcanzamos el nirvana: la liberación del sufrimiento y del ciclo de nacimiento y renacimiento. Aunque yo no considero que las cosas funcionen enteramente en base al ojo por ojo. No puede trazarse un paralelismo tan exacto: me ha pasado esto bueno gracias a aquello, me ha pasado esto malo debido a esto otro. No soy muy fan de «el karma te lo devolverá». Y tampoco podría estar de acuerdo con que un niño «merezca» morir.

Yo no creo que todo ocurra por una razón, pero pienso que siempre podemos encontrar un motivo por el que vivir, un propósito para amar, para continuar y para extender nuestro amor más allá, sin importar la situación. También creo que la luz que proyectamos al mundo se acumula sin cesar convirtiéndose en una fuerza en sí misma.

Aprovechando al máximo las leyes divinas

Ahora que conocemos la existencia de estas maravillosas leyes (un suave aterrizaje después de una caída, y la idea de que la buena voluntad regresa a nosotros), ¿qué podemos hacer para que estos flujos de energía positiva sean aún más poderosos?

Creo que estas acciones están relacionadas con elevar nuestras vibraciones. Cuanto mayor sea nuestra vibración —y por ende mayor sea nuestra capacidad de alcanzar una sensación de calma—, más podremos entregar a otras personas. Cuanto mayor sea nuestra vibración —y por tanto más energía positiva enviemos al universo—, más recibimos de vuelta.

Cuando alcanzamos una frecuencia que está en una mayor alineación con los ángeles, nos convertimos en portadores por los que fluye y se amplifica la energía positiva. ¿Que cómo podemos hacer esto? Puede ser algo tan simple como saludar a nuestros vecinos, preguntarle a un recepcionista qué tal le ha ido el día, mostrar curiosidad por las creencias de otras personas, escuchar activamente lo que los demás tienen que decir o desearles lo mejor a nuestros prójimos.

Y a lo mejor también necesitamos ser sinceros acerca de las situaciones en las que bloqueamos la energía positiva. En mi caso, se me acaba de ocurrir una: a pesar de que no tiendo a responder ante la ira, tampoco soy el mejor recibiendo elogios. Es como si no tuviera un escudo cuando alguien quiere atacarme, pero me pongo uno cuando me alaban. ¡Quién lo diría! Probablemente necesito empezar a reaccionar de manera diferente. Cada vez que hablo con los ángeles les doy las gracias. La verdad es que podría hacer lo mismo con la persona que me hace un cumplido.

Si queremos irradiar, si esperamos alcanzar nuestra vibración más alta, debemos aceptar cualquier fuente de luz que se nos presente. Debemos recibir elogios.

¿Conoces la historia del Génesis en la que Abraham hospeda a los ángeles? Inmediatamente les consigue un poco de agua para que se laven los pies, les proporciona un lugar con sombra para descansar y les lleva una deliciosa comida (la comida la preparan sus sirvientes y su esposa, pero, para ser justos, estamos hablando del siglo v a. C.).

Cuando recibimos la luz, es casi como si fuéramos los anfitriones de los ángeles o sus mensajeros —les damos la bienvenida, sacamos nuestra mejor vajilla, les servimos una buena taza de té y unos bollos recién salidos del horno—. «¡Bienvenidos! ¡Me alegra que estéis aquí!», parece que les decimos con los brazos abiertos. Tal vez incluso saquemos nuestras amadas cartas celestiales, nuestra primera baraja, aquella que ya está desgastada, que se cae a pedazos pero que tanto apreciamos, y pidamos a nuestros invitados que escojan una.

Todo ello está conectado con la autenticidad, el servicio, la devoción y el amor, que resultan ser los cuatro pilares de la conexión angelical. Aquí es donde realmente podemos mejorar nuestro desempeño con los ángeles.

7

Los cuatro pilares

«Cuando los ángeles nos visitan, no oímos el susurro de unas alas, ni sentimos el suave roce del vientre de una paloma, sino que advertimos su presencia por el amor que crean en nuestros corazones».

MARY BAKER EDDY

ESTE CONCEPTO YA HA sido tratado en capítulos anteriores, pero ahora me gustaría entrar en detalle para ofrecer una idea más definida de mi visión acerca de la vibración angelical. Sabemos que el solo hecho de invocar a un ángel no basta, sino que, para experimentar a esos seres celestiales, también necesitamos vibrar a un nivel superior. Para conseguirlo, debemos entender cómo funcionan.

Cuando nos imaginamos a los ángeles, solemos pensar en figuras individuales, pero en realidad la mente angelical es una vibración. Puedes considerarla como una fuerza o inteligencia colectiva que está a disposición de todos nosotros en cualquier momento dado. Esa mente tiene cuatro pilares; si tú eres capaz de imitar la energía contenida en esos cuatro pilares, entonces podrás acceder a la vibración angelical. De este modo, la sabiduría, la guía y el apoyo de los ángeles estarán a tu alcance con mayor facilidad. Esto pasa incluso cuando solo tienes a tu alcance uno de esos pilares. Los iguales se atraen, ¡y no puedes escapar de eso!

A continuación, te muestro los cuatro pilares:

1. Autenticidad.
2. Servicio.

3. Devoción.
4. Amor.

Empecemos con el primero de ellos.

Autenticidad

Los ángeles están alineados con la verdad más elevada en cualquier circunstancia. No actúan pasando por alto los problemas o tomando cartas en el asunto. Tienen una mente neutra (a propósito, el objetivo del kundalini yoga es precisamente desarrollar este tipo de mentalidad). He llegado a la conclusión de que, cuando las personas empiezan a vivir de una manera más sincera, los ángeles acuden a ellos. A través de la autenticidad, la gente comienza a atraerlos. Te pondré un ejemplo.

¿Alguna vez has conocido a alguien que esté sufriendo mucho debido a su sexualidad y le resulte difícil aceptar quién es? Puede que todo el mundo sepa ya que esa persona es homosexual, pero el sujeto en cuestión no ha llegado a aceptarlo. Puede que se sienta avergonzado desde una perspectiva social, tal vez debido a un trasfondo religioso, o quizá tenga miedo de lo que podrían decir sus padres. Sin embargo, cuando finalmente lo acepta y se abre al mundo, su vida empieza a cobrar sentido.

La autenticidad puede involucrar la sexualidad o cualquier otra realidad fundamental. La cuestión es que, cuando las personas revelan quiénes son, su estilo cambia y comienzan a hacer amigos con facilidad. Hay un salto en su camino, un resplandor. Se unen a bailar la conga a pesar de estar absolutamente sobrios, porque se encuentran muy felices y cómodos con quienes son, sin importar lo que piensen los demás. Están resplandecientes y vivos. Y hasta puedes verlo en sus rostros.

Cuando alguien se vuelve totalmente sincero consigo mismo, quizá reciba una gran oportunidad laboral o tal vez pase por una racha de buena suerte. Esto se debe a que la energía del universo viene para apoyarlos.

Podría interpretarse que esa energía son los ángeles. Así lo creo yo.

Los ángeles son como los asistentes
personales del universo.

Por tanto, en primer lugar, debemos aspirar a la autenticidad. Es un gran punto desde el que comenzar.

Ahora pasemos al segundo pilar.

SERVICIO

Los ángeles se preocupan por lo que pueden dar, no por lo que pueden obtener. Por tanto, cuando estamos al servicio de los demás, y lo hacemos de manera desinteresada, estamos imitando a los ángeles. Deberíamos pensar: «¿Cómo puedo ayudar?; ¿cómo puedo ofrecer mi apoyo?; ¿hay algo que pueda hacer por alguien?».

Cuando empleamos la energía del servicio,
atraemos a los ángeles hacia nosotros.

En una ocasión, en medio de un evento en Londres, una mujer comenzó a agitar la mano de manera un tanto frenética.

—Tengo una pregunta —dijo, como si lo de agitar la mano no hubiese sido más que evidente.

Era una psicoterapeuta colegiada, y el tema de los ángeles no le interesaba en absoluto. ¿Qué hacía allí entonces? Había estado trabajando un tiempo en un caso particularmente difícil: un hombre que sufría una adicción. Un día, durante una sesión con él, se sentía desesperada, y se dijo: «Por favor, Dios, ayúdame a ayudar a este hombre. Solo quiero que pueda superar esto».

Cuando volvió a mirar a su paciente, vio a un ángel gigantesco justo detrás de él. El ángel le dijo que el hombre se había vuelto adicto porque no se sentía bien con su relación con su padre. Llevaba casi toda su vida ahogando sus penas en el alcohol.

Ten presente que esta psicoterapeuta no estaba acostumbrada a consultar con los ángeles. Sí que es cierto que llevaba mucho tiempo interesada en el mundo espiritual, pero le preocupaba que, si le prestaba atención, disminuyera su capacidad clínica. Aun así, la visita de un ángel fue algo sorprendente.

En ese momento de la sesión, pensó: «¿Qué está pasando?», pero le transmitió la información al paciente, sin decir de dónde la había sacado. En poco tiempo, el paciente tuvo una experiencia curativa extraordinaria. La pregunta de la psicoterapeuta era por qué el ángel se le había aparecido.

—He leído en todos los libros que hablan de los ángeles que estos no vienen a menos que los invoques —dijo—, pero yo no los llamé. Entonces, ¿por qué apareció uno ante mí?

Le dije que, si bien era cierto que no había invitado a ningún ángel a través de una *oración*, sí que había atraído a uno mediante el *servicio*. Su auténtico deseo de ayudar a su paciente fue lo que había atraído al ángel hacia ella.

Algunas personas oyen hablar sobre este pilar de la conexión angelical y se sienten frustradas, porque piensan que con ellas no funciona. Afirman cosas como «Yo siempre estoy ayudando a mi hermana» o «Le hago a mi vecino todos los favores que me pide». A menudo cuentan su lista de obligaciones con una expresión tensa en el rostro. A pesar de pasarse muchas horas ayudando a otras personas, los ángeles no se presentan frente a ellos.

Volvamos ahora al principio de esta sección. El servicio por sí solo no es el pilar. Es el servicio *desinteresado*. Se trata del puro deseo de ayudar. No cuentan cosas como que digas «sí» cuando tu corazón está diciendo otra cosa, ni quejas del tipo «Mi hermana me ha pedido que cuide de sus hijos, ¡otra vez!». Si en tu corazón sientes frustración, entonces eso no es servicio.

Tu actitud puede atraer a los ángeles hacia ti, pero también puede alejarlos. Los iguales se atraen. Si dices «sí» desde el corazón, sin importar en las consecuencias y en el tiempo, esa clase de energía atraerá a los ángeles. Si no es así, bueno, ¿te gustaría que tu ángel pusiera los ojos en blanco y suspirara de frustración a tus espaldas? Creo que no.

Bueno, creo que ya estamos preparados para introducir el siguiente pilar.

DEVOCIÓN

La devoción y el servicio pueden ser idénticos, dependiendo de cómo se manifiesten, pero a este respecto voy a hablar de la devoción en términos de honrar lo divino.

———————— ◆ ————————

Cuando pones una vela en honor a alguien,
abres tu hogar a la presencia de los ángeles.

Al rezar y dar las gracias a un poder superior, estamos atrayendo a los ángeles (esta también es una de sus actividades favoritas).

Durante la pandemia del covid, al igual que mucha gente, yo también tuve mucho tiempo libre en casa, y sentí la necesidad de encontrar un nuevo pasatiempo para mantenerme ocupado. Me centré mucho en mi trabajo, pero siempre he creído firmemente que, para ser un buen profesor, hay que ser un *gran* estudiante.

Algo que he querido aprender desde mi primer viaje a la India en 2013 es tocar el armonio. Si no estás familiarizado con este voluminoso instrumento, es básicamente la combinación de un órgano y un acordeón. Con la mano derecha se tocan las teclas como si se tratara de un piano, y con la mano izquierda se bombea aire para controlar la parte del órgano. El sonido recuerda a la India y puede sonar algo «desafinado» para el oído moderno, pero, Dios mío, su melodía es magnífica.

Durante aquella época, extraña para todos nosotros, me enteré de que la nominada al Grammy Snatam Kaur, una devota cantante muy conocida en la tradición del kundalini yoga, había fundado su propia escuela, donde se podía aprender a tocar el armonio para acompañar cantos y oraciones. No tardé mucho en inscribirme. Poco tiempo después —creo que unas dieciséis semanas—, ya cantaba con seguridad algunas de mis oraciones devocionales favoritas, y en tan solo unos meses ya era capaz de escribir mi propia música para los mantras que más me gustaban.

Al tocar el armonio y desarrollar una práctica diaria de canto, fortalecí mi conexión espiritual. Aunque para entonces ya llevaba casi dos décadas trabajando con los ángeles, su presencia y sus mensajes se volvieron más claros que nunca.

Nunca olvidaré las primeras lecturas públicas que di después de ese momento: la claridad de la información que iba llegando me ponía los pelos de punta incluso a mí.

La devoción es cuando nos entregamos plenamente sin necesidad de recibir; cuando no buscamos nada a cambio. He visto increíbles ejemplos de esto en los templos hindúes, entre los cantantes de Hare Krishna y en hogares de la realeza islámica. No importa quién seas o de donde vengas, el tipo de devoción a la que me refiero puede suceder en cualquier lugar.

Una vez, en la India, acudí al famoso templo de Arunachalesvara. Las luces de las farolas eran terribles y estaba muy oscuro, aunque creo que aquella noche había luna llena. La gente estaba de rodillas delante de un altar, alabando el nombre de lo divino. Nunca he visto tantos ángeles en mi vida como los que vi aquella noche en ese templo.

En otra ocasión fui a Oriente Medio a trabajar con algunos miembros de una familia real árabe. Iba rumbo a la casa de una princesa en el recinto real y, en cuanto entré en su pasillo, fui recibido por ángeles. De fondo, se escuchaba una tenue música islámica.

—¡Hay muchísimos ángeles aquí! —le dije a la princesa.

Ella me explicó que, en su casa, reproducía oraciones una y otra vez, de forma continua. Un sacerdote le había dicho que eso mantendría alejado el mal, y lo cierto es que yo también lo creo.

Durante todo el día y toda la noche se escuchaban esas oraciones. Y los ángeles acudieron.

Por supuesto que sí. Los ángeles están *aguardando* a que demos un paso hacia la devoción. Están en espera. En constante estado de alabanza. Cuando nos unimos a ellos, los sentiremos a nuestro alrededor.

Ahora ya es el momento de pasar al último pilar.

Amor

Amor. ¡Aquí estamos de nuevo! Siempre se trata de amor. (Mencionemos aquí a alguna de mis viejas amistades, quizá Robyn, poniendo los ojos en blanco).

La clase de amor a la que me refiero va más allá de la comprensión. Creo que la mejor manera de describirlo es cuando le confiesas a alguien tu secreto más oscuro y profundo, y aun así te sigue queriendo. Eso es amor *incondicional*.

Creo que por eso Louise Hay estaba tan conectada espiritualmente. Una de las historias que más me gustan de Louise Hay es cuando abrió su sala de estar a hombres con SIDA antes incluso de que se supiera cómo se propagaba. Louis ya había participado en eventos de Science of Mind y había tratado el tema del poder de la mente sobre la materia. Después de uno de los eventos, un hombre se acercó a ella y dijo que quería hablar del SIDA.

—Tengo miedo —le dijo—. Lo cierto es que algunos de nosotros estamos muy muy asustados.

—Ven a mi casa —contestó Louise—. Y haremos algo que siempre he sabido que funciona. Nos querremos a nosotros mismos de manera incondicional.

Así que aparecieron en su puerta todos esos tipos que estaban verdaderamente sufriendo. La mayoría de ellos habrían sufrido debido a su sexualidad, y ahora cabía la posibilidad de que tuvieran esa horrible enfermedad que nadie entendía realmente. Louise los acogió, los besó y los abrazó. Eso es amor angelical. No importa lo que hayamos hecho, el miedo que tengamos o cuánta gente *nos* tema: los ángeles nos aman a pesar de todo. Si pudiéramos amarnos tanto a nosotros mismos, nuestros caminos se volverían mucho más brillantes.

———————— ♦ ————————

Amar a alguien total y plenamente
es encarnar el amor angelical.

—————————————————

EXPERIMENTANDO A LOS ÁNGELES

Experimentar a los ángeles consiste en conectar con el amor divino. A ese amor podemos darle diferentes nombres. Podemos llamarlo Dios, Fuente, Universo, o cualquier otra cosa. Independientemente de cómo nos refiramos a ello, para mí estamos hablando de lo mismo. En realidad, los nombres no importan. Lo que buscamos es un sentimiento.

Es un sentimiento de amor, una expresión de luz y una sensación de estar protegidos. Es la intuición de saber que estás rodeado de fuerzas que quieren lo mejor para ti. Una sensación de paz. No es algo que tenemos que perseguir, sino más bien algo que vendrá a nosotros cuando dejemos de intentar que las cosas sucedan a la fuerza. Es una especie de calma que siempre está aquí y ahora, esperando a que lleguemos o, como me gusta decir mí, nos «acerquemos».

Tengo la certeza de que puedes alcanzar ese sentimiento y protección, y por eso estoy tan comprometido con esta causa. No tengo ninguna duda de que tienes la capacidad de experimentar a los ángeles y obtener respuesta a tus oraciones. ¿Y por qué no lo consigues? Una de las razones por las que las personas a veces tienen problemas para experimentar a los ángeles es que realmente no se creen capaces de hacerlo.

En el segundo capítulo, hablamos un poco sobre por qué no debes tener miedo a la hora de experimentar a los ángeles, puesto que eso solo es sinónimo de experimentar amor. Ahora bien, también sé que leer un texto que te dice que no tengas miedo no significa que vayas a dejar de tenerlo. Pero creo en los milagros, y tengo confianza en algo que aprendí en *Un curso de milagros*: un milagro es un cambio de percepción. Es ese instante en el que estás dispuesto a pensar de manera diferente; es el momento en el que has de tomar una elección entre sentir miedo o aceptar el amor —de los ángeles, tal vez—.

Hablar de este tema me hace volver a un momento decisivo que tuvo lugar en Canadá. Me encontraba en Toronto con mi editorial, Hay House, participando en un evento llamado Mystical Connections. Es un encuentro asombroso que reúne a algunos de los mejores espiritualistas, médiums, sanadores e intuitivos en un solo espacio. Todos ellos comparten su versión de la espiritualidad y, por supuesto, yo estaba hablando de los ángeles. Era el más joven de todos los oradores y, aunque me encanta pasar tiempo con mis compañeros —algunos de los cuales resultan ser los héroes espirituales de mi infancia—, la energía de la sala parecía un poco apagada. Así que, antes de subir al escenario, le pregunté al técnico de sonido si podía conectar mi ordenador portátil para reproducir música.

En cuanto puse un pie en el escenario, frente a unas novecientas personas, pregunté: «¿A quién le apetece bailar?». Empezó a sonar a todo volumen «Go Your Own Way», de Fleetwood Mac, y antes de que me diera cuenta, todo el mundo estaba bailando, saltando y riendo junto con amigos, desconocidos y diferentes practicantes esotéricos.

Cuando terminó la canción y recuperamos el aliento, comencé mi presentación, la cual salió muy bien. Después, durante la firma de libros, tuve una conversación preciosa con una mujer que era de allí. Aunque tan solo fue una breve interacción, fue lo suficientemente larga como para lograr que encajaran un par de cosas relacionadas con mi trabajo.

—Hoy he disfrutado mucho con tu presentación —me dijo. Le di las gracias.

—¡Eso significa mucho para mí! —Extendí la mano para coger la copia de *Oraciones a los ángeles* que ella sostenía—. ¿Cómo te llamas?

—Soy Cheryl —me contestó con una sonrisa.

Mientras escribía una breve frase y firmaba el libro de Cheryl, ella se inclinó ligeramente y me dijo en voz baja:

—Seré sincera. Hasta antes de escucharte hablar, tu presentación era la que menos ganas tenía de oír. Por favor, no te lo tomes a mal, pero la idea de los ángeles siempre me ha producido cierta repulsión. Tu charla me ha hecho cambiar totalmente de opinión y ahora estoy abierta a la idea.

—¿Repulsión hacia los ángeles? ¡Es una reacción bastante fuerte!

—Lo sé. Nunca he llegado a entenderlo. ¿Por qué me he sentido así hasta este preciso momento?

Antes incluso de pararme a pensar en mis siguientes palabras, ya estaba respondiendo:

—Porque no estabas preparada para ese amor.

Pude ver cómo la mente de Cheryl se puso en marcha. Entonces percibí una señal psíquica que me indicaba que ella había estado esforzándose en su propia autocuración.

—Todo el trabajo interior que has estado haciendo te ha llevado hasta este punto —continué—. Llevas mucho tiempo sintiéndote indigna y pensando que no eres lo suficientemente buena. Esa es la barrera que ha mantenido alejado al amor. Pero mírate ahora, has conseguido sumergirte profundamente en tu propia autocuración, tu propio respeto por sí misma, y estás llegando a un lugar que solo puede describirse como amor propio. ¡Por eso ya estás preparada para darle la bienvenida a los ángeles!

Cheryl se quedó sin aliento, y, antes de darme cuenta, estaba llorando en mis brazos.

Mientras la abrazaba, sabía que el milagro de Cheryl no solo consistía en un cambio de percepción sobre los ángeles para abrirse al amor de estos, sino también en el hecho de que, de alguna manera extraña y maravillosa, ahora sabía que este tipo de curación era posible para *ella*.

El hecho de que estés aquí ahora, leyendo este libro, incluso si es solo por curiosidad, significa que también hay una parte de ti que ha llegado a entender que el amor divino es posible y que está disponible tanto para mí como para ti, ¡y eso es emocionante!

8

Atraer a los ángeles

«Ángel de Dios,
mi querido guardián,
a quien el amor de Dios me encomienda,
quédate siempre a mi lado,
para iluminar y cuidar,
para gobernar y guiar,
amén».

«Oración del ángel de la guarda»
de *Vida de san Marco*, SAN JERÓNIMO[1]

EN ESTE CAPÍTULO, hablaré sobre cómo aumentar las probabilidades de tener un encuentro con un ángel. Si has leído mi libro *Eleva tus vibraciones*, puede que ya te hagas una ligera idea sobre algunas de las prácticas para conseguirlo: gratitud, oración afirmativa, manifestación, visualización, encender velas, rodearte de luz dorada, cortar las cuerdas del miedo o disipar la energía negativa.

◆

Visualizarte a ti mismo inmerso en una luz
dorada hará que atraigas a los ángeles.

De momento, quiero desmentir algunos mitos que pueden estar entorpeciendo tu capacidad a la hora de invocar a los ángeles a tu vida. Tras veinte años trabajado con estos seres celestiales, soy consciente de que necesito derribar algunos de los viejos conceptos que ya no son de utilidad. He llegado a la conclusión

de que parte del conocimiento común sobre los ángeles ha crea-
do obstáculos para muchas personas. Por ese motivo, quiero ayudarte a deshacerte de cualquier idea preconcebida que tengas y
que pueda estar afectando a tu experiencia con ellos. Me gustaría que este cambio conduzca a una conexión más auténtica.

Cuando tuve mi primer contacto con este mundo, sentí que
tenía que adaptarme a la visión que los expertos en ángeles
habían establecido. No me malinterpretes, agradezco mucho a
los pioneros que allanaron el camino, pero, al mismo tiempo,
establecieron estándares que a veces parecían un poco rígidos
y dogmáticos. Si teníamos opiniones diferentes y la mía no era
bien recibida, al final terminaba simplificándola para facilitar
las cosas. Recuerdo que, cuando recibí las anotaciones del ma-
nuscrito de mi primer libro con anotaciones, el editor había
marcado todas las veces que yo había dicho algo que contrade-
cía la información generalmente aceptada sobre los ángeles. Por
ejemplo, yo vi a Gabriel como una feroz guerrera africana,
mientras que un famoso experto la vio pelirroja. Asimismo,
también me centré en el hecho de que María era una chica
normal y corriente, pero otros pensaban que era una encarnación de la diosa Isis que había llegado sabiendo lo que debía
hacer en esta vida.

También recibí rechazo en talleres y conferencias cuando
mis ideas no estaban alineadas con las de los principales expertos en ángeles. Recuerdo que, especialmente en Alemania, a
algunas personas les molestaban bastante varias de mis ideas.

Durante uno de los talleres, una corpulenta mujer se plantó
frente al público y dijo sin rodeos:

—¡Te equivocas! ¡Eso no es así!

A continuación, pasó a argumentar que cada persona podía
tener un solo ángel.

Yo le pregunté por qué pensaba eso, y le dimos mil vueltas
a la conversación. ¡Y con intérprete de por medio!

Hablé un poco acerca de que, en el Islam, tienes un ángel
guardián a tu izquierda y otro a tu derecha; uno registra todo

lo bueno que haces, mientras que el otro tiene en cuenta todo lo malo. En la Biblia, cuando María Magdalena llegó a la tumba de Cristo, se encontró con dos ángeles: uno estaba en el lugar donde había yacido su cabeza y el otro, donde habían estado sus pies. Para mí, estos dos casos muestran que hay ángeles por todas partes, y todos ellos nos quieren ayudar. Por tanto, ¿quiénes somos nosotros para decir que solo puedes tener un ángel?

La mujer no estaba de acuerdo, pero yo no necesitaba demostrar que tenía razón; me interesaba más saber por qué ella era tan estricta con las reglas. Así que traté de seguir cuestionándola.

Pero, para mí, los ángeles son amor, y el amor no tiene límites, sino que va más allá de toda restricción.

Desde mi punto de vista, llegar a conocer a los ángeles no es como una religión dogmática, sino una espiritualidad personal. Creo que los textos espirituales y la religión nos ayudan a comprender las ideas espirituales, pero los escritos no deben limitarnos. ¡Cielos! ¿Te imaginas a algún contemporáneo de los tiempos bíblicos viéndonos hacer una llamada por FaceTime? Lo tildaría de brujería, y eso mismo dice mucho sobre las limitaciones. Para mí, la religión es lo que alguien te cuenta sobre lo divino, y la espiritualidad es tener tu propia experiencia de ello. Hay una gran diferencia entre ambas.

RELÁJATE

Por consiguiente, además de dejar de lado las reglas, creo que tal vez deberíamos relajarnos un poco en nuestro acercamiento a los ángeles. Ellos estarán más fácilmente a nuestra disposición cuando nosotros mismos nos volvamos más accesibles. Esto supone alejarse de la mentalidad de escasez, que solo nos endurece y nos impide abrirnos a todo el amor que nos rodea.

En mi libro *Oraciones a los ángeles*, afirmo que a los ángeles les gusta divertirse y que incluso alguna que otra vez los había visto bailar cuando trabajaba de DJ. Un lector pensó que me refería a que había visto a los ángeles haciendo *break dance* o algún otro movimiento de baile actual. Nos echamos unas risas con esto, pero aclaré que había visto su luz girando alrededor de la pista de baile, no a figuras angelicales haciendo piruetas (no pude evitar demostrar lo que los ángeles *no* hacían, y esto claramente hizo que la situación fuera aún más ridícula). Por cierto, no quiero desviarme mucho del tema que nos ocupa desmintiendo mitos sobre los ángeles. No andan por ahí tomándose tragos de vodka en un superclub de Ibiza, pero tampoco son institutrices recatadas. Lo que desde luego no hacen es apuntar a la gente con el dedo y decirles: «Solo puedes tener a uno de nosotros, ¡y has alcanzado el límite!».

———————— ◆ ————————

Los ángeles son ilimitados. Tener esto en cuenta nos conducirá a experiencias angelicales más gratificantes.

Me gustaría hablar sobre tres cuestiones concretas que creo que a la gente le pueden costar: intentar ver a un ángel, tratar de averiguar su nombre y preocuparse de si pueden hablar directamente con un ser de estas características.

Vamos a ocuparnos de estos tres casos, uno a uno.

«¿Por qué no puedo ver a mi ángel?»

En las colas de firmas de libros, la gente se acerca a mí constantemente con diferentes versiones de: «No puedo ver a mi ángel. No sé qué hago mal».

Está claro que muchas de estas personas se sienten realmente frustradas. Algunas me dicen que su fracaso está poniendo a prueba su fe. Quieren creer, pero a menudo no sienten la seguridad de poder seguir haciéndolo.

Hay quienes piensan que no consiguen ver a los ángeles porque no han conseguido elevar sus vibraciones lo suficiente. Sin embargo, este tipo de pensamiento solo genera más ansiedad, lo que a su vez nos aleja de la frecuencia donde a los ángeles les gusta estar.

Sé por lo que están pasando estas personas. Al principio, yo simplemente aceptaba que el objetivo era llegar a ver a esos seres espirituales. La gente estaba desesperada por ver a un ángel y salir de allí con una descripción de sus ojos o del color del pelo. Todo el mundo anhelaba saber cosas como: «¿Tenía alas?», «¿De qué color era su aura?», «¿Hubo destellos?», «¿Cómo iba vestido?», «¿Llevaba una espada?».

La gente suele discutir sobre el arcángel Miguel. «Es rubio y de ojos azules». «¡No! ¡Tiene el pelo castaño y los ojos verdes!». Cuando se me presentó la oportunidad de crear una baraja de oráculo, yo lo representé negro. Pero lo cierto es que no sabemos cómo es. Estamos intentando convertir algo que es energía ilimitada (Dios, Fuente, el Universo) en algo simple y finito, que seamos capaces de ver con nuestra limitada visión. Esto no nos llevará a ninguna parte. Estamos tratando de reducir a los ángeles para que se ajusten a las limitaciones de nuestras capacidades sensoriales, y en realidad son mucho más grandes que eso.

¿Y si dejamos de preocuparnos por ver a los ángeles? ¿Y si ver a los ángeles no es el objetivo?

¿Recuerdas que, al comienzo de este capítulo, dije que estamos en búsqueda de un sentimiento?

———————————— ◆ ————————————

Sentir la presencia de un ángel es mucho más importante que verlo.

———————————————————————

¿Y si nos centramos en *sentir* a los ángeles a nuestro alrededor en lugar de intentar verlos?

Que nuestro objetivo sea alcanzar ese sentimiento, lo instintivo en lugar de lo tangible. Sintiencia: ¡ahí es donde está la magia! Hemos de prestar atención al mundo interior, no al exterior. Si te fijas en algún buen médium o vidente, verás que, cuando empieza a captar algo realmente auténtico, cierra los ojos.

Así que, si estás desesperado por ver a tu ángel y sientes que tu fe está a prueba, espero que ahora puedas entender que los ángeles ya están a tu alrededor, tanto si los ves como si no. Lo importante es estar lo suficientemente sereno como para poder sentarte con calma junto a estas amables criaturas y ser consciente de su presencia.

Cuando comprendí que nuestro enfoque tenía que pasar de observar a los ángeles, casi como si observáramos aves («¡He visto una!»), a la idea de querer existir en un plano con energía angelical, realmente comenzaron a desbloquearse cosas en mí. Podemos ayudar a establecer esa conexión angelical. Tenemos mucho más poder del que creemos.

Es una especie de reinterpretación de la famosa frase de Gandhi sobre ser «el cambio que quieres ver». Si quieres llegar a experimentar a los ángeles, tienes que ser más como ellos.

Así que empecé a enseñar esta forma de acercarse a los ángeles. Y descubrí que así es como podemos llegar a experimentar la esencia de los ángeles: su amor incondicional, su capacidad ilimitada de perdonar, su inquebrantable apoyo.

Un día, cuando estaba a punto salir del edificio de mi oficina en Glasgow, una mujer me detuvo en la entrada. Vestía un chubasquero gris claro y llevaba un pequeño bolso de cuero colgado del brazo.

—Esperaba verte —dijo, mirándome a través de unas pequeñas y redondeadas gafas de color dorado.

Le di mi número para que pudiera pedir cita, pero ella negó con la cabeza.

—Necesito hablar contigo hoy. ¿Puedes hacer una excepción?

Al parecer, estaba pasando por terribles problemas de salud. Tenía cáncer y quería saber si sería capaz de superarlo y recuperarse.

Le dije que no era sanador, pero me respondió que solo quería rezar conmigo.

Así que cerré los ojos y le pedí que se imaginara una luz dorada a su alrededor.

—Respira profundamente dos veces —le dije, mientras yo también inspiraba intensamente varias veces.

Apenas había comenzado la oración cuando ella me dijo que podía ver a dos ángeles, uno a cada lado de ella.

—¿Cómo crees que te ven tus ángeles? —le pregunté.

—¡Me ven curada! —dijo con una especie de calma y asombro en su voz—. Los ángeles pueden verme curada —repitió de nuevo—. No me ven enferma. ¡Me ven perfecta, plena y curada!

Esas palabras sonaban casi como canalizadas. «Perfecta, plena y curada».

Unos meses después recibí una tarjeta con un narciso en la portada. La mujer del pasillo escribió: «Quizá no te acuerdes de mí. Me presenté en tu despacho y te pedí que oraras por mí, algo que realmente me conmovió. Solo quería decirte que estoy en remisión».

Por supuesto que la recordaba, y no podía estar más contento de recibir esa noticia. Aquella experiencia también me había emocionado a mí. De hecho, empecé a utilizar su frase en mi trabajo. «Perfecta, plena y curada». Qué manera tan bonita de que te vean.

Así que no nos quedemos estancados en la idea de poder ver a los ángeles y centrémonos en cómo queremos que nos vean. ¿Qué opinión crees que tienen tus ángeles de ti? ¿Cuál te gustaría que fuera? ¿Qué podrías hacer para parecerte más a la imagen que deseas transmitir?

¿Qué hay en un nombre?

Ahora ya estamos preparados para volver a la firma de libros. Otro tema habitual que suele salir en esos eventos es no saber el nombre del ángel. Una mujer me dijo: «Llevo veinticinco años intentado averiguar el nombre de mi ángel de la guarda. He probado cada una de las meditaciones de todos los expertos en ángeles, y nunca ocurre nada».

Esto tiene relación con el punto que mencioné antes acerca de denominar con distintos términos la misma idea: el amor. Podemos llamarlo Dios o de cualquier otra manera.

◆

Los nombres son solo unidades de significado de un idioma. Lo importante es la energía.

Dicho esto, quizá recibas el nombre de tu ángel, y es divertido cuando pasa eso, pero tampoco es que sea necesario.

Déjame contarte una historia acerca de algo que una mujer vio, y que resultó ser mucho más poderoso de lo que un nombre cualquiera podría llegar a ser. Tuvo lugar en un evento que yo solía organizar mensualmente, llamado Angel Club. Al principio empezamos a quedar en Tir Na nOg, que significa 'tierra de juventud' en gaélico. Originalmente era un antiguo establo reconvertido en un centro espiritual, situado en Balfron, una pequeña localidad escondida en las colinas entre Glasgow y el lago Lomond. Allí solía impartir una charla inspiradora sobre los ángeles, dirigir una meditación, responder algunas preguntas y, al final, realizar unas pequeñas lecturas. Cada asistente se encontraba sobre su asiento una tarjeta de un ángel que podían llevarse a casa. Comencé a realizar este evento cuando tenía unos veintialgo, y estuve haciéndolo durante ocho años.

Esa noche en concreto dirigí al grupo hacia un estado de focalización total mediante una visualización. Primero, nos imaginamos a nosotros mismos protegidos por una luz dorada. Después, nos visualizamos en una playa frente a una brillante cueva cubierta de amatistas. Dentro de la cueva había un banco, donde a cada uno nos esperaba un ángel de la guarda.

Cuando concluimos la meditación, una mujer compartió su experiencia. Había visto un triángulo azul flotando sobre el banco. Esto puede sonar extraño, pero para ella tenía todo el sentido del mundo. El triángulo irradiaba una energía protectora, y la mujer se sentía segura. Resulta que llevaba un colgante de un triángulo azul en el cuello, y sentía apego a ese símbolo en particular. Su ángel se manifestó de esa forma en aquel momento porque era reconfortante y familiar para ella. Si hubiera estado esperando ver a una persona, centrada en distinguir su atuendo o el color de su cabello, quizá no se hubiera percatado de su ángel-triángulo.

Y no necesitó ponerle un nombre. El sentimiento lo era todo.

No es necesario ponerles nombre. Si en la naturaleza te encuentras con algo asombroso, quizá te quedes sin aliento y lo describas como «increíble» o «magnífico», pero no necesitas asignarle un nombre a lo que sientes, ¿verdad? Si no conocieras las palabras *asombroso, maravilloso, sobrecogedor, precioso* o cualquier otro término que sirva para describir una deslumbrante puesta de sol o un fascinante lago glacial, seguirías *sintiendo* lo mismo igualmente, ¿no crees?

Los ángeles son energía y vibración.

No es necesario que llames a tu ángel por su nombre para invocarlo, lo que has de hacer es estar en la energía y vibración adecuadas. Un nombre no hará que tu conexión con tu ángel sea más fuerte, y centrarte demasiado en encontrar dicho nombre podría alejarte de la oportunidad de aprovechar la fuerza y la protección que tu ángel es capaz de proporcionarte.

Hablar directamente a los ángeles

La siguiente cuestión que quiero abordar tiene que ver con orar directamente a los ángeles. En espacios religiosos más tradicionales, suele estar mal visto hablar directamente a poderes supremos. Esa es una práctica reservada a los sacerdotes, pastores, rabinos y otros cargos superiores (estoy empezando a sentir de nuevo esa sensación de rigidez y exigencia). Detengámonos un segundo y reflexionemos sobre por qué las personas a cargo pueden no querer que tengamos acceso directo a poderes superiores. ¿Eso no debilitaría un poco su papel? Si somos capaces de hablar directamente con los ángeles, entonces quizá no necesitamos intermediarios. Puede que así no dependiéramos tanto de la conexión que tenga el sacerdote, el pastor o el rabino, ¿verdad? Pero eso no significa que debamos rechazar su sabiduría. Creo que podemos tener nuestra propia conexión directa con los ángeles y también aprender de los demás. Sin embargo, todo aquel que intente coartar nuestra conexión directa quizá no tenga nuestro mayor beneficio en mente; tal vez prefiera llenar los asientos de su iglesia y mantener su congregación.

Hay suficiente espacio para todos nosotros y también para que cada uno pueda experimentar a los ángeles en cualquier momento. No son un recurso limitado.

De hecho, hace no mucho recibí una carta de un sacerdote del Vaticano diciendo que apreciaba mis palabras sobre los ángeles, sobre todo la idea de darles las gracias. En el catolicismo, como ya he mencionado, sí que se nos permite hablar directamente con los ángeles. Por su parte, los baptistas insisten en que no mantengamos una comunicación sin intermediarios. Las diferentes tradiciones tienen distintos enfoques y, por supuesto, las cosas cambian a lo largo del tiempo. Por ejemplo, las mujeres ya llevan décadas pudiendo ser rabinas, una reforma que seguramente habría sorprendido a María de Nazaret.

Adonde quiero llegar con esto es que tú puedes hablar directamente con los ángeles. Eres digno de mantener esa conversación. Todos lo somos. Puedes tener acceso a su conocimiento y protección en cualquier momento. Tampoco necesitas verlos con nitidez; puede que vislumbres una imagen o que se trate más bien de una sensación. Y no necesitas saber el nombre del ángel al que oyes. Has de tener claro que los ángeles están a tu alrededor. Están aquí para ti.

Si estás insatisfecho con tu conexión con los ángeles, es importante que tengas presente que son energía, así que detente a pensar qué energía estás emitiendo en ese determinado momento. «Los iguales se atraen», y esto no podría ser más cierto cuando nos referimos a seres pacíficos y eternos.

Yo creo que la parte más pura de tu alma ya ha entrado en contacto con tu ángel, independientemente de si has sido consciente de la experiencia o no. En realidad, tengo la creencia de que conectamos con nuestros ángeles incluso antes de llegar a este mundo, sin importar si hemos vivido una vida anterior o no. Esa es una de las razones por las que a menudo nos invade una sensación de familiaridad cuando tenemos experiencias con nuestros ángeles. Me gusta pensar en ello como si fuera un recuerdo. Adentrarse en el mundo de los ángeles a veces puede dar la sensación de estar en un sitio nuevo y extraño, pero es un lugar de santidad y plenitud que puede resultar bastante familiar, e incluso hacer que te sientas como en casa.

Para mí, Dios trasciende a la religión, y los ángeles, dado que son sus mensajeros, también lo hacen. Estos seres son más antiguos y sabios que los sistemas lineales que tenemos.

Algunas personas se preguntan por qué querríamos comunicarnos con los ángeles en lugar de hacerlo directamente con Dios. Eso tiene una respuesta muy simple: los ángeles son *de Dios*.

———————— ◆ ————————

Cuando nos comunicamos con los ángeles,
nos estamos comunicando con Dios.

Lo cierto es que afirmar que nos estamos comunicando con Dios es una declaración bastante contundente, pero eso es lo que creo que estamos haciendo con todo esto. Obviamente solo soy un chico de Greenock, Escocia, que de alguna manera siempre ha estado entre dos mundos. Un niño que vio a su abuela después de que falleciera. Un adolescente a quien le dieron una baraja de ángeles. Un hombre que ha tenido una cantidad desmedida de experiencias metafísicas.

Aunque comparto todo lo que he aprendido, quiero que sepas que aún sigo buscando. Todavía me encuentro en el camino del descubrimiento. No tengo todas las respuestas, y tampoco lo pretendo. Nunca entenderé por qué mueren los niños. Y desde luego no me gusta decir que las cosas suceden por una razón o que todo saldrá bien. La realidad es que no tengo ni idea De verdad que no. ¿Cómo podemos afirmar tales cosas al mismo tiempo que vemos imágenes de niños cubiertos de sangre huyendo de las bombas? «Esa es su infancia», pienso para mis adentros con un nudo en la garganta. No puedo soportarlo. Ni puedo hacerle frente. «Esa es su infancia».

Y esos son los que han sobrevivido. Cuando miro a los ojos a un padre que ha perdido a su hijo, no le voy a decir que ha sido por algún motivo o que Dios se lo ha llevado. A veces se me pasa por la cabeza que quizá hay almas demasiado puras para la dureza de este mundo, pero no puedo afirmarlo con seguridad.

A todas esas personas que buscan respuestas, les recomiendo que se adentren en su interior, en vez de mirar hacia afuera en busca de un artículo, un libro o una autoridad. Este tipo de búsqueda requiere serenidad, una capacidad que las comunidades espirituales llevan poniendo en valor desde hace miles de años. Quizá conozcas la historia que cuenta que Buda no responde a las personas que le plantean preguntas, sino que les aporta silencio para que puedan reflexionar y tal vez encontrar sus propias respuestas.

O a lo mejor has oído hablar de Abraham Joshua Heschel. Era un rabino polaco-estadounidense; una destacada figura en el movimiento por los derechos civiles en Estados Unidos (de hecho, puede que lo hayas visto en algunas imágenes icónicas junto a Martin Luther King Jr., cruzando el puente Edmund Pettus en

Selma, Alabama, y protestando contra la guerra de Vietnam). Desconozco si Abraham y yo habríamos tenido mucho en común en lo que se refiere a creencias espirituales, aunque sí que escribió un libro sobre el *sabbat* en el que indica que, sin ninguna duda, el valor que le damos al tiempo sagrado y a los ritos van de la mano. Su hija, Susannah Heschel, dirige los estudios judíos de la Universidad de Dartmouth, New Hampshire. Cuando le pidieron que hablara sobre la fe de su padre, dijo: «Una persona religiosa siempre ha de cuestionar, desafiar, no darse por satisfecha»[2].

Yo siempre estoy cuestionándome cosas, y me siento bastante cómodo desafiando creencias establecidas. ¿Que nunca me doy por satisfecho? Depende de cómo definamos esa palabra.

No puedo explicarme por qué un niño puede pasarse la vida jugando al fútbol y riéndose con sus amigos, mientras que otro se la pasa huyendo de disparos y sin saber si volverá a ver a su familia. No tengo respuestas para estas cuestiones, pero estoy abierto a ellas. Estoy abierto a respuestas y a la posibilidad de que aparezca la gracia. Y esa gracia puede ser una mayor conciencia de las cosas que se ven y de las que no se ven. En eso consiste mi carrera. Trato con lo invisible. A menudo, con aquello que no tiene nombre. Muchas veces, con lo que está fuera de nuestro alcance.

No es necesario hacer una lista de los mayores horrores que se han cometido en el mundo con el fin de abordar la idea de si las cosas suceden por alguna razón o no. Por lo general, esa razón no es evidente en el momento en que se realizaron.

Cuando iba a la escuela, una orientadora me preguntó qué quería ser de mayor. Yo le dije que quería ser escritor en Hay House. ¡Hablo en serio!

—¿Qué es Hay House? —me preguntó.

Le dije que era una editorial especializada en autores y maestros espirituales.

Me contestó que, si quería ser escritor, tendría que ir a la universidad y seguramente necesitaría graduarme en Lengua y Literatura.

En el instituto era un poco el payaso de la clase. Siempre estaba algo distraído, y siempre tenía una opinión. Acerca de todo. Eso me llevó a tener muchos enfrentamientos con los profesores.

Sin embargo, después de leer los libros de Louise Hay, supe que quería hacer algo con mi vida. Así que me propuse esforzarme para ir a la universidad. Estaba decidido a mejorar mis notas y a centrarme. Y funcionó. Poco después, me iba muy bien en Inglés y excepcionalmente bien en Religión.

Empecé a investigar universidades. Eso es lo que solemos hacer en el Reino Unido alrededor de uno o dos años antes de terminar el instituto: decidir qué quieres estudiar y a qué universidades aplicar. Después, tu instituto te ofrece ayuda con las asignaturas que necesitas para acceder a esa carrera. Fue así como me decanté por Estudios Religiosos, y planeaba ir a una universidad concreta. Al otoño siguiente, cuando llegó el momento de matricularme en la asignatura que me permitiría estudiar en la universidad, resultó que yo era la única persona matriculada en mi promoción. Debido a esto, el instituto decidió no impartirla. En vez de aconsejarme que asistiera a otro instituto para dar esa asignatura o tratar de ayudarme de alguna otra forma, simplemente no la impartieron. En su lugar, acabé teniendo que cursar Política.

Aunque estaba desanimado, me las apañé durante la mayor parte del año.

Hasta que un día, en Matemáticas, unos chicos estaban haciendo el tonto en la parte de atrás de la clase. Eso estaba molestando mucho a la profesora Carmichael, que finalmente estalló:

—¡Me tenéis hasta el moño!

—Venga ya, chicos —respondí yo—. Es nuestra última clase antes de los finales. Dejad que nos enseñe todo lo que debemos saber.

—¡No pienso daros más clase! —dijo la profesora Carmichael, cerrando de un golpe su cuaderno de ejercicios sobre la mesa que tenía delante.

El resto de la clase empezó a reírse por lo bajini. ¡Habían ganado!

Yo sabía que la situación no iba a acabar bien.

—Profesora, ¿podríamos seguir con la lección, por favor? —dije.

—¡Eso intentaba hacer yo! —resopló.

No sé cómo, pero al final todo el mundo se quedó en silencio, dispuesto a continuar.

Menos ella.

—¡Sois unos inútiles! ¡Una manada de imbéciles!

—Ahora solo está tratando de seguir discutiendo —le repliqué.

—Si no quieres oír lo que tengo que decir, Kyle, puedes largarte ahora mismo ¡y no volver más a este instituto!

Aunque yo era el más joven de mi promoción, ya era lo suficientemente mayor como para poder irme del instituto legalmente. Y eso fue lo que hice. Me fui. Y nunca regresé. Ese instituto me falló por completo. ¡Me decepcionaron tanto! Yo estaba *más que* dispuesto a cursar Religión, pero ellos no lo permitieron.

Pero aquí estoy de todas formas, escribiendo mi noveno libro sobre los ángeles y la espiritualidad. Sé que he sido muy afortunado al conectar con tanta gente (y tantos ángeles), aportando mi granito de arena para acercar estas dos esferas. ¿Podría afirmar con certeza que ahora estoy en una buena posición debido a que los adultos que tenía a mi alrededor de joven no llegaron a encontrar la manera de ayudarme a perseguir mi sueño? No sé cuál habría sido mi camino si me hubiera podido quedar allí cursando aquella asignatura. Y, si me hubiera graduado en Estudios Religiosos en la universidad, ¿habría llegado a saber más de lo que sé ahora? ¿Estaría más satisfecho?

He seguido la senda que se abrió ante mí, pero he tenido dudas durante el camino. Como ya sabes, hubo un tiempo en el que dejé a un lado mis cartas y cristales, y me lancé a ser DJ.

También he trabajado en un aeropuerto y en un hotel. En alguna que otra ocasión —sin ir más lejos, la semana pasada—, me he preguntado: «¿Va a ser esta mi vida? ¿Es esto lo que quiero?». Quizá siempre sea una persona que se lo cuestiona todo.

Pero esto también significa que estoy abierto a nuevas verdades y puntos de vista. Siempre tratando de entender el misterio. El gran misterio.

Y, por supuesto, una manera de descubrir más es hablando con los ángeles.

9
Hablando con los ángeles

«¡Habla! ¡Oh! ¡Prosigue hablando, ángel resplandeciente!
Pues al alzar, para verte, la mirada, tan radiosa me apareces,
como un celeste y alado mensajero a la atónita vista
de los mortales, que, con ojos elevados al Cielo, se inclinan
hacia atrás para contemplarme, cuando a trechos
franquea el curso de las perezosas nubes
y boga en el seno del ambiente».

Romeo y Julieta*, WILLIAM SHAKESPEARE

EN LOS VEINTE AÑOS que llevo reflexionando sobre los ángeles, me he dado cuenta de que la mayoría de las personas
sienten la necesidad de establecer una conexión con estos seres extraordinarios durante períodos de transición. A menudo
se debe a algún cambio en sus vidas, puede que una pérdida
repentina o un desafío que está fuera de su control. Tal vez se
encuentren en un momento de sobrecarga o indecisión. Sea
cual sea el motivo, algo mágico está sucediendo. Es posible
que los más escépticos crean que el único fin de esta búsqueda es llenar un vacío, pero yo creo que este proceso es mila-
groso.

En momentos de oscuridad, los ángeles se acercan. En realidad, siempre están ahí, esperando a que seamos conscientes
de su presencia. Sin embargo, cuando nos sumergimos en la
oscuridad, su luz resulta más llamativa; es como si nuestra alma

---

* Shakespeare, W., *Romeo y Julieta*, Acto segundo, Escena II (trad. de Ma-
tías de Velasco y Rojas), Biblioteca Virtual Miguel de Cervantes, 1999: https://
www.cervantesvirtual.com/obra-visor/julieta-y-romeo--0/html/ff0366ae-
82b1-11df-acc7-002185ce6064_140.html. *(N. de la T.)*

pudiera sentirla y supiera que no estamos solos, que hay algo *ahí afuera* con el poder de ayudarnos.

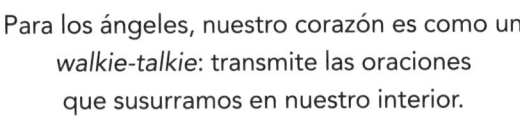

Para los ángeles, nuestro corazón es como un *walkie-talkie*: transmite las oraciones que susurramos en nuestro interior.

¿Estás buscando ayuda ahora mismo? ¿Por eso escogiste este libro?

Otras preguntas que te planteo son las siguientes: ¿Estás llamando a los ángeles, o son ellos los que te llaman a ti? ¿Buscas una conexión más cercana con estos seres, o todavía tienes dudas?

Ten presente que, al comunicarte directamente con un ángel, estás encontrando tu propio poder. Algunos de nosotros no estamos seguros de si realmente queremos tener toda esa fuerza. Quizá conozcas esta reconocida cita de Marianne Williamson: «Lo que más miedo nos da no es ser incapaces. Lo que más miedo nos da es ser poderosos más allá de toda medida»[1].

Una parte de ti no está segura de lo poderoso que quieres ser, ¿verdad? Quizá llevas años soñando con ser el centro de atención, pero ¿cómo te sentirías si estuvieras sobre un escenario, frente a una sala llena de gente que espera escuchar lo que tienes que decir? Es posible que, por un instante, desees haberte quedado en la parte de atrás, siendo parte parte del coro y dejando que otra persona tome la iniciativa.

Pero, dado que los ángeles están aquí para empoderarte, las conversaciones con ellos tratan de tu evolución: de acoger un proceso de renovación, de dejar atrás el pasado y de avanzar hacia el futuro.

En cuanto estés dispuesto a afrontar tus miedos y tener esa conversación, será el momento en que aceptes tu propio poder, en que comiences a irradiar al mundo toda esa luz que estás destinado a emitir.

CAMBIAR LA ENERGÍA

A menudo hablo sobre la necesidad de elevar nuestra vibración para poder comunicarnos con los ángeles. Aunque pueda parecer que esto requiere mucho esfuerzo, te prometo que es todo lo contrario. Se trata de purificar, sanar y aligerar tu vida de múltiples maneras; de liberase de la energía que no te aporta nada; de eliminar pensamientos y situaciones agotadoras. Una vez que te propongas elevar tu vibración, ya sea usando tu esterilla de meditación o saliendo a escuchar a los pájaros, no te resultará en absoluto un esfuerzo. Elevar tu vibración es empoderador.

Cuando elevamos nuestra vibración, no estamos sentándonos a esperar con pasividad a que un ángel se acerque a nosotros, como si fuéramos unos tímidos estudiantes de secundaria en el baile del instituto esperando a que alguien nos pida salir a bailar la «Macarena». En lugar de eso, practicamos con constancia técnicas que nos ayudan a acercarnos al lugar donde se encuentran los ángeles.

Voy a dedicar un breve momento a hablar acerca de las vibraciones en términos de entornos humanos. Quiero mostrarte algunos ejemplos de elevación en lugares cotidianos, ya que esto puede acercarnos a dar el salto al ámbito espiritual.

¿Alguna vez has entrado en una habitación y te has dado cuenta de que hay *malas vibraciones*? Quizá de repente tu cuerpo se tensa y los rostros de la gente parecen demacrados; nadie sonríe y el ambiente está cargado. Esto mismo ocurre en la farmacia donde recojo los medicamentos de mi madre. Hay tensión en el aire porque el personal está completamente sobrepasado tratando de satisfacer las necesidades de los clientes. Esto le genera ansiedad a cualquiera que se acerque al mostrador.

Por tanto, lo que yo hago es entrar y cambiar intencionalmente la energía. Hago todo lo posible para preguntarle a quien me atiende cómo está, además de saludar a cualquiera otro trabajador con quien cruce miradas o que pase cerca del mostrador.

Esta forma de cambiar la energía la aprendí cuando tenía unos veinte años y trabajaba en una empresa. Por aquel entonces, me dedicaba a planificar eventos en un hotel, y el resto del personal llevaba trabajando allí por lo menos diez años. Cuando me incorporé como el chico nuevo, ese que empleaba Internet para traer nuevas ideas y trabajos, me encontré con cierta resistencia. No obstante, recibí un mensaje de los ángeles donde me explicaban cómo alterar la energía en mi lugar de trabajo: «Tu tarea es aportar aquello que falta».

———————— ♦ ————————

Tu tarea es aportar aquello que falta.

Y eso mismo hice. Cada día, iba al trabajo con amor y alegría en mi corazón, y compartí con el resto de compañeros mi pasión por todo lo que tenía que ver con los ángeles. En mi último día, antes de dedicarme a ser el chico de los ángeles a jornada completa, cada uno de los jefes tenía en su escritorio la carta del ángel del día y algunas frases alrededor de las pantallas de sus ordenadores. ¡La energía se había contagiado!

Las probabilidades de levantar el ánimo en un entorno concreto son mucho mayores si previamente he elevado mi propia vibración; debido a esto, mantenerme fiel a mi rutina es de gran ayuda. Por ejemplo, ¿le he dedicado hoy el tiempo suficiente a mis oraciones (empezando por darle las gracias a los ángeles)? ¿He sacado un momento para ser consciente de mi conexión con todo el universo? ¿He afrontado el día como cocreador de mis propias experiencias? ¿He meditado? ¿He establecido mis intenciones? ¿He usado mi esterilla de yoga? ¿He optado por mantenerme presente?

Si puedo entrar en un sitio con la certeza de que los ángeles me guardan las espaldas, seguramente también pueda hacer algo para apoyar a alguien que está teniendo un mal día. Después de todo, ¡sé que no estoy solo en ello!

Hay otro lugar al que también he acudido para cambiar intencionalmente su energía: mi barrio. Mi casa fue la primera que se construyó en esa calle. Mi chihuahua de 2 kilos, Thor, y yo fuimos los primeros en mudarnos a esa zona. Cuando comenzó a venir el resto de gente, me resultaba extraño que no se saludaran entre ellos. Yo siempre me esforzaba por decir «hola» y saludar con la mano, y la mayoría de las personas aceptaban esa amabilidad. Y ahora son los vecinos quienes me saludan primero, y he notado que también se saludan entre ellos.

Me gusta pensar que cambiar la energía es como hacer una infiltración positiva. El cambio se aplica desde dentro, integrándose en el entorno y dirigiendo el ambiente hacia una dirección diferente. Y, por supuesto, ¡con los ángeles de tu parte!

Tomemos prestada esta idea para aplicarla en el mundo angelical.

Los ángeles siempre están alegres y en conexión. Por tanto, ¿te haces una idea de qué funcionaría mejor cuando queremos hablar con ellos? Seguro que sí.

──────────── ◆ ────────────

Antes incluso de empezar a hablar con los
ángeles, podemos adoptar una posición
que nos permita alinearnos con su energía.

──────────────────────────

¿Qué cosas te ayudan a sentir tu conexión con ellos? ¿Qué me dices de sentirte alegre? ¿Agradecido? ¿Rebosante? ¿Cuáles son algunas de las formas que empleas para centrarte y elevar tu vibración?

Esto no es algo que tenga que pasar de inmediato, sobre todo si el concepto es nuevo para ti. Los ángeles quieren que vayas a tu propio ritmo y confíes en el tiempo divino. Ellos siempre proporcionan una respuesta, pero solo en el momento adecuado.

Permítete recibir ayuda en este viaje. Empieza con pequeños pasos. ¿Por qué no pruebas la siguiente manera?:

Respira hondo tres veces.

Establece un propósito para el día.

Imagínate sumergido en luz dorada.

Invita al universo a entrar.

Elige aceptar y honrar tu poder.

Reza esta sencilla oración:

Gracias, ángeles, por recordarme vuestra presencia.
Saber que estáis aquí me hace sentir bien.

Inhala profundamente. Exhala con un suspiro.

Presta atención a cualquier sensación que percibas.

Sé receptivo a pensamientos de inspiración, amor y perdón.

Si te sientes bien, cierra los ojos.

Déjate llevar por la certeza de que te rodea una presencia de amor.

Acepta cualquier sensación que te haga creer que no estás solo.

¿Puedes sentir la presencia con tu cuerpo? En caso afirmativo, ¿se encuentra a tu derecha o a tu izquierda? ¿Delante o detrás?

¿Puedes ver en tu mente algún color? Si no es el caso, pide ver alguno.

¿Distingues algún olor?

¿Sientes frío o calor?

Hazte la siguiente pregunta: «Si yo fuera mi ángel, sabiendo que son seres de amor, ¿qué podría querer que yo supiera?».

Todo lo que recibas será el mensaje de tu ángel hacia ti.

Todas las sensaciones que has percibido son las herramientas que puedes emplear para desarrollar la capacidad intuitiva que te hará saber que los ángeles están cerca.

Para terminar el ejercicio, di: «Gracias, ángeles».

Si tienes los ojos cerrados, ábrelos.

Estírate, sonríe y sigue con tu día.

Si tienes algo de tiempo, tal vez puedas dar un pequeño paseo por la naturaleza o meditar durante diez minutos.

Si alguna vez sientes el amor de tu ángel, dirígete a algún lugar natural e invítalo a acercarse a ti. Una conversación con los ángeles no tiene por qué parecerse a una charla con amigos o con seres queridos, aunque también puede ser así. Los ángeles son seres infinitos, por lo que tienen infinitas maneras de interactuar con nosotros.

Tómate un momento para conectar contigo mismo.

¿Cómo te encuentras ahora, en comparación con antes de empezar a leer este capítulo? ¿Ha habido algún cambio en tu energía?

¿Qué se te está revelando?

Tómate algo de tiempo para reflexionar.

A continuación, nos centraremos por un momento en la idea de hablar con los ángeles. Después de todo, ese es el título de este capítulo.

DAR Y RECIBIR

¿Cómo debemos hablar con los ángeles? Lo cierto es que mucha gente se dirige a Dios como si estuvieran comprando en Costco: «Me llevo esto», «Voy a por uno de esos», «Ay, necesito un recambio de aquello». Por desgracia, con frecuencia veo este tipo de comportamientos en círculos de manifestación. «Lo quiero». ¡Hay tantos «Lo quiero»! Hay una obsesión por fijar objetivos.

———————— ◆ ————————

Dirigirse a Dios como si estuvieras
en unos grandes almacenes o como si fuera
un genio mágico es la mejor forma.

————————————————

Los ángeles *pueden* aportarte las cosas que anhelas y cumplir tus deseos. En el viaje espiritual de cada persona, suele haber un momento en que se consigue establecer una conexión por primera vez; entonces, muchos de sus deseos son concedidos. Es una magnífica prueba que demuestra que algo está sucediendo, que hay algo ahí fuera. Una buena parte de esa energía se debe a nuestro entusiasmo; nos sentimos conectados y vibrantes. ¡Somos parte de algo más grande!

Sin embargo, debo advertirte de que, si tus anhelos se vuelven demasiado materialistas, los ángeles dejarán de proporcionártelos; al fin y al cabo, no son el genio de *Aladdín*.

También es posible que ocurra lo contrario. Algunos de nosotros empezamos supercomprometidos con el significado y el propósito. Nos sentimos atraídos por los ángeles para marcar una diferencia en nuestras vidas y en las vidas de todos los que nos rodean. Queremos crear una sensación de sanación y conexión. Pero por el camino nos quedamos atascados al tratar a los ángeles como si fueran nuestros asistentes virtuales, y esto no es bueno para nuestro crecimiento y desarrollo espiritual.

Recuerdo haberles pedido un Mini Cooper cuando era más joven. También les pedía otras cosas (podríamos considerarlo como una especie de «lista de la compra»). Les solicitaba que pusieran todos los semáforos en verde si estaba llegando tarde, o que me proporcionaran el dinero necesario para pagar mis facturas, e incluso les pedía que me ayudaran a conseguir patrocinios cuando me convertí en autor.

Sin embargo, a medida que mi conexión con los ángeles se fortalecía, comencé a pedir *sentimientos*. Cuando anhelaba algo, me preguntaba a mí mismo: «¿Qué representa esto que quiero?». Quizá el Mini Cooper representaba libertad, independencia, la sensación de no estar anclado. De este modo, mi forma de verlo cambió. Les daba las gracias a los ángeles, por ejemplo, por mostrarme cómo podía alcanzar una nueva sensación de libertad. También pedía orientación sobre cómo aprovechar mejor mi independencia.

Lo más curioso es que pedir sentimientos terminó llevándome a obtener cosas que quería pero que no había pedido. Así aprendí que, si me centraba en tener unos sentimientos concretos, los ángeles me darían igualmente todo lo que necesitaba y más.

Antes creía que quizá la incesante concesión de deseos disminuyó porque, para los ángeles, la novedad había desaparecido. Incluso podía imaginármelos poniendo los ojos en blanco: «Aquí está, otra vez pidiendo dinero para salir de números rojos». Sin embargo, con el tiempo he llegado a otra conclusión: no creo que a los ángeles les moleste esto —pues es normal que pidamos deseos y cosas que necesitamos—, sino que, una vez que nos han demostrado que los milagros son posibles, para que podamos crecer o vivir con un mayor propósito, tenemos que dejar atrás esa mentalidad de necesidad. De lo contrario, nunca evolucionaremos, y el objetivo de los ángeles por encima de todo es precisamente ese, que evolucionemos.

Si piensas en la verdadera razón por la que sentiste la llamada de los ángeles, verás que está relacionada con el progreso. Por tanto, un ángel que acude en tu ayuda podría escuchar tu lista de la compra y pensar: «Tengo que contenerme, porque no estás progresando. Si automáticamente te otorgo todo lo que está en tu lista, nunca lograrás crecer».

———————————— ◆ ————————————

Los ángeles están aquí para darte todo
lo que necesitas, no todo lo que quieres.

———————————————————————————

De esta manera, los ángeles dejan de concederte todas tus peticiones. Es como unos padres que saben que regalarle un millón de juguetes nuevos a su hijo no hará que la vida de este sea más plena. A veces, no obtener respuesta a nuestras plegarias *es* la respuesta en sí misma.

También es posible que nuestra relación con los ángeles necesite volverse más equilibrada. Imagínate a un amigo que aparece cada vez que necesita algo. ¿Has tenido algún amigo así? No sabes nada de él durante meses, pero de repente un día te llama y te pide un favor, como que pasees a su perro o que escribas una reseña para su negocio. Tal vez necesite un lugar en el que pasar el fin de semana. O quizá no sea un favor exactamente, sino que quiere algo de ti (por ejemplo, que acudas a su espectáculo cómico el sábado siguiente).

¿Cómo te hace sentir esto? Seamos realistas: ¡es una *mierda*! Todos sabemos que las amistades de este tipo son un fastidio. Así que intenta no ser ese tipo de amigo para tus ángeles. No aparezcas solo cuando quieras que los resultados de un análisis de sangre sean buenos o cuando busques un ascenso laboral. Tu relación con ellos no puede basarse en recibir, recibir y recibir, sino que también ha de ser: «¿Qué puedo dar yo? ¿De qué forma puedo involucrarme? ¿Hay algo que pueda aportar? ¿Cómo puedo servir?».

———————— ♦ ————————

Hazte esta pregunta: «Si fuera un ángel,
¿qué querría que yo mismo supiera?».
Tu respuesta es su respuesta.

———————————————

Todos hemos oído hablar de gente acomodada que «lo tiene todo», pero que aun así no parece estar satisfecha con su vida. Y algunas de las personas más felices con las que me he cruzado ha sido gente con muy pocos recursos en términos materiales, aunque sí que eran ricos en significado y propósito. Lo único que estas personas deseaban en la vida era paz para todos los seres.

Pero no me malinterpretes. Adoro las cosas materiales. Tengo un Jeep Wrangler, y me encanta conducirlo. Cada vez que arranco el motor, me siento estupendamente bien, y no puedo evitar sonreír para mis adentros mientras conduzco. Adoro los camiones, los juguetes de niños y todo tipo de cosas (¿a quién no le gustan unas Sneakers?). He conocido a gente que ha renunciado a lo material, pero yo no lo he hecho. Sin embargo, he aprendido ciertas cosas sobre lo que es importante, incluyendo que no puedo basar mi felicidad en lo material y que, como ya he mencionado, lo que realmente buscan los ángeles para nosotros es el crecimiento espiritual.

Vamos a resumir algunos de los puntos que hemos tratado hasta ahora sobre conversar con los ángeles:

- Cuando elevas tu vibración, atraes a los ángeles. Es como un imán.
- Si quieres conectar con los ángeles, has de ser como ellos. Encarna su energía serena.
- Puedes pedirles cosas materiales, pero no vayas a ellos con una lista de la compra.
- Concéntrate en pedirles sentimientos en vez de cosas.
- Sé amigo de los ángeles. No aparezcas solo cuando quieras algo.
- Los ángeles no están aquí para satisfacer tus deseos o caprichos diarios, sino para ayudarte a progresar.

Llegados a este punto, concretemos aún más cómo debemos comunicarnos con los ángeles, comenzando por cómo *iniciar* la conversación.

DAR LAS GRACIAS A LOS ÁNGELES

Puede parecer contradictorio comenzar así (¿acaso no es al revés, primero recibes lo que has pedido y *luego* das las gracias?). Sin embargo, mostrarles tu agradecimiento a los ángeles es una de las mejores formas que hay para comunicarse con ellos. Considéralo una oportunidad para darles las gracias a esos seres divinos por ayudar a que todas las bendiciones de nuestro día estén en consonancia; no debemos hacerlo solo cuando obtenemos grandes respuestas ante nuestras plegarias, sino que ha de ser algo que demos por hecho. Pondré un ejemplo. Digamos que invitas a un amigo a tomar un café, y él te dice: «Gracias». En ese caso, yo siempre digo: «Gracias, ángeles».

Dar las gracias a los ángeles consiste en adentrarnos en la energía magnética de sentir gratitud por todas las bendiciones de la vida, sean grandes o pequeñas. Cuando mostramos agradecimiento, creamos un aura dorada, y esta energía dorada irradia de nosotros y atrae a los ángeles, junto con más bendiciones. Por tanto, cuanto más agradecidos seamos, más cosas tendremos que agradecer. La gratitud nos hace magnéticos y atrae las bendiciones de los ángeles.

Si has crecido en un entorno religioso, puede que te preocupe la idea de dar las gracias a los ángeles en vez de a Dios. Esta es una preocupación muy común. Sin embargo, si bien recuerdas, antes expliqué que, aunque parezca que los ángeles son seres individuales, forman parte de ese Uno, del todo. Son los latidos del corazón de Dios; cuando les das las gracias, también se las estás dando al corazón de Dios. No hay separación entre ellos.

Así que, cuanto más te comportes como los ángeles, más amabilidad y paz traerás al mundo. Y nada haría a los ángeles más felices.

Eso no es todo: he llegado a la conclusión de que, cuando estoy en una auténtica vibración de gratitud con mis ángeles, ellos se esfuerzan para que todo en mi vida funcione. Llego a *saber* que todo lo que necesito y más me será concedido.

No se trata de: «Me has dado esto, así que ¡gracias!» o «Ahora me has dado aquello, ¡gracias de nuevo!». Esto es demasiado transaccional. En su lugar, consiste en tener un vínculo basado en la reciprocidad; eso es a lo que has de aspirar si quieres tener una relación con ellos.

◆

Los ángeles no buscan nuestro agradecimiento
porque anhelen ser alabados o adorados,
sino porque nuestra más sincera gratitud
atrae los milagros hacia nosotros.

Yo empecé a mostrarles mi agradecimiento a los ángeles como forma de iniciar una conversación con ellos, y ahora muchas otras personas también lo hacen. Al principio, daba la impresión de que yo estaba adoptando una posición contraria a la que otros defendían. En primer lugar, la gente tenía miedo de alabar a los ángeles y no a Dios; espero haber aclarado ya por qué esto no supone un problema. En segundo lugar, me di cuenta de que dar las gracias de antemano resulta algo atrevido, incluso un poco presuntuoso, sobre todo para los británicos. Pero, de hecho, nos aleja de la transaccionalidad; en su lugar, nos acerca a la gratitud y a un bucle simbiótico de retroalimentación.

En la actualidad, esta práctica se está popularizando cada vez más. Pruébala por ti mismo. Comenzar una conversación con un *gracias* te hace sentir realmente bien. Es similar a comenzar el día con gratitud. «¿Qué tengo ya por lo que estar agradecido?». Esta frase hace que estemos abiertos a recibir, dado que pone de manifiesto cuánto tenemos ya.

◆

Reza a tus ángeles con la certeza de que todo
lo que estás pidiendo es posible.

Rezar cuando todo te va bien, y no solo cuando las cosas van mal, también es una buena práctica. Haz que tus oraciones sean una prioridad y no el último recurso;, como les digo a mis alumnos: «¡Reza primero, no al final!».

Reza primero, no al final

Todas las ideas que hemos tratado hasta ahora, desde elevar nuestra vibración hasta rezar primero y no al final, nos llevarán a tener experiencias más positivas de cocreación con nuestros ángeles. Ellos nos están ayudando, pero nosotros estamos participando activamente en cambiar la energía de nuestro entorno. Estamos ayudando a otros a mejorar. Es importante hablar con los ángeles a diario, si te es posible. Los ángeles están a tu alrededor *todo el tiempo*.

Los ángeles no solo se encuentran en la iglesia o levitando sobre una gloriosa puesta de sol. Están contigo siempre. E igual de importante es que también están ahí en todo momento, no solo en épocas de sufrimiento.

Mucha gente solo recurre a ellos tras haber probado absolutamente todo lo demás, habiéndose quedado ya sin más vías para conseguir lo que anhelan. Se acercan a los ángeles desde un estado de agotamiento, desesperación y con una ausencia total de generosidad. Retomando la idea de que deberíamos elevar nuestra vibración para interactuar con estos seres extraordinarios, ¿crees que esta manera de proceder funcionaría? ¿Realmente vas a recurrir a tus ángeles solo cuando ya hayas tocado fondo y no te quede nada que perder? ¿Te parece eso una relación positiva? Es casi peor que el amigo que solo te llama cuando necesita que alguien cuide de su mascota.

———————— ◆ ————————

Asegúrate de acudir a tus ángeles
de primeras, ¡no como último recurso!
Siempre están dispuestos a ayudar.

———————————————

Cuando le señalo esto a la gente, suele quedar bastante claro que no es así como quieren ser. Nadie quiere ser ese tipo de persona, pero a veces necesitamos a alguien que nos lo recuerde —y para eso estoy yo aquí—.

Nuestros pensamientos y emociones dan forma a nuestro mundo. Nuestra manera de acercarnos a lo divino dicta también lo que atraemos de lo divino. Es decir, si solo nos relacionamos con los ángeles como personas exigentes, ese miso tipo de experiencia atraeremos a nuestra vida.

Yo solía actuar así, probando todos los medios posibles; cuando veía que nada funcionaba y tocaba fondo, me ponía a suplicar y a rezar como me enseñaron la escuela dominical: «Querido Dios, por favor, ayúdame con _____. Espero que el futuro me traiga _____».

A esta manera de orar la considero ahora una súplica. «Por favor, arcángel Miguel, protégeme hoy». Rogar a las personas no siempre es lo más adecuado, y rogar a los ángeles tampoco. No se debe a que no puedan oírte, sino más bien a que suplicar emite una energía de menor vibración, a que en el fondo tienes miedo de que no puedan ayudarte.

Si requieres ayuda angelical, el mejor método para conseguirla es sabiendo que lo que estás pidiendo es posible y que tienes la capacidad de magnetizar la energía angelical hacia ti al recordar las bendiciones de tu vida y todo aquello por lo que estás agradecido.

UN HALO DE LUZ

Probablemente ya hayas deducido que adoro el trabajo de Louise L. Hay, una reconocida figura en el ámbito de la enseñanza espiritual moderna. La obra de Louise nos recuerda que no hay momento más poderoso que el presente; al sentirnos plenos, sanados y completos, podemos experimentar esa realidad. Louise nos muestra que las convicciones que tenemos sobre nosotros mismos afectan a nuestra experiencia de vida.

Me he dado cuenta de que su trabajo ha sido una gran influencia para muchas personas, si bien han simplificado sus fundamentos a «La positividad atrae positividad, la negatividad atrae negatividad». Quiero señalar que esto no siempre es así. Además, considero que parte de este modo de pensar puede resultar perjudicial, especialmente para aquellos que sufren ansiedad y otros problemas de salud mental.

Hace poco, publiqué en redes sociales un vídeo sobre este asunto titulado: «Tu ansiedad no atrae malas experiencias». Lo hice porque, desde la pandemia, recibo numerosos mensajes de seguidores preocupados de que su ansiedad esté atrayendo energía negativa a sus vidas.

Sé que, en el fondo, nuestras creencias y nuestra actitud tienen un impacto en la experiencia de vida que tenemos, pero también creo que, si cultivamos con regularidad una vibración positiva a través de oraciones o prácticas espirituales, esta energía cobrará mayor importancia en los momentos en que nos sintamos abrumados por pensamientos negativos. Decir con frecuencia «Gracias, ángeles» generará un halo de luz que bloqueará los momentos de negatividad que puedan a veces tomar el control de tus pensamientos y tu mente; además, continuará atrayendo bondad y bendiciones (al igual que las oraciones de tus antepasados).

Una de las cosas que he aprendido de Louise Hay es que no hay momento más poderoso que el presente. Cuando invitamos a los ángeles a ese momento, nos estamos permitiendo recibir su ayuda.

Habla «como si...»

Me encanta empezar mis conversaciones con los ángeles diciendo: «Gracias, ángeles, por recordarme vuestra presencia. Qué bien sienta saber que estáis aquí. Gracias por mantener mi camino despejado». Después, hablo de mis deseos como si ya se hubieran cumplido, alineándome así con un rebosante de luz y maravilla. Al abordar estas conversaciones con gracia, te acercas al amor, que es la esencia de los ángeles.

«Gracias, ángeles, por recordarme vuestra presencia. Qué bien sienta saber que estáis aquí. Gracias por mantener mi camino despejado».

Hay un momento que me convenció de que esto realmente funcionaba, cuando tuve un accidente en monopatín en 2012. Me precipité por una rampa que no estaba hecha para monopatines y sufrí una caída terrible. Encima me habían grabado, ¡y el vídeo estuvo circulando por redes durante días!

Mi madre me recomendó ir al hospital.

«Soy un nuevo referente de pensamiento —me dije a mí mismo—, no quiero estar en el hospital».

Al final, no me quedó otra que ir.

—¿Dónde te duele? —preguntaron los médicos.

—Noto una sensación en la rodilla y el tobillo —respondí yo.

No hacía mucho tiempo que se había publicado mi primer libro, y yo había estado profundamente sumergido en mi práctica espiritual, tratando de averiguar cómo podía alinear las ideas de Louise Hay con mis oraciones a los ángeles.

—Se refiere a que nota *un dolor* —tradujo mi madre—. Ahora mismo está intentando evitar términos negativos.

Me había roto algunos ligamentos de la rodilla y el tobillo, así que me enviaron a casa con un par de muletas.

Fue aquella noche cuando me di cuenta. Me percaté de que tenía que hablar como si ya estuviera curado.

—Gracias, ángeles —dije—, por haber sanado mi cuerpo. Qué bien sienta ser libre y fluir. Gracias, ángeles, por haber sanado mi cuerpo.

Creo que repetí esto como un millón de veces aquella noche mientras estaba tumbado.

Cuando afirmas algo, tu cuerpo empieza a reflejarlo, y hay muchas posibilidades de que estés más dispuesto a recibirlo.

A medida que pronunciaba esas palabras, comencé a sentir que sanaba. A la mañana siguiente, me levanté, fui a la cocina, me puse a preparar una tortilla francesa y me olvidé por completo de las muletas que me esperaban junto a la cama.

Porque no las necesitaba. «Creo que acabo de manifestar un milagro» me dije a mí mismo. ¿O quizá a los ángeles?

Después, escribí una oración: «Gracias, ángeles, por haber sanado mi rodilla y tobillo. Qué bien sienta ser libre y fluir. Todo va bien en mi mundo».

Gracias a Louise Hay, sabía que los problemas de rodilla habían sido provocados por no sentirme libre y en calma. Esas palabras, «libre y fluir», son las que ella utilizó para referirse al dolor de rodilla.

Hablar «como si» no solo funciona para el dolor físico. En una ocasión, vino a verme una persona que estaba pasando por un divorcio; yo, en lugar de pedir (o suplicar) ayuda para ellos, dije:

—Gracias, ángeles, por poner en vuestras manos esta situación y a todos los involucrados. Qué bueno es alcanzar una solución armoniosa.

Los ángeles ya estaban allí para ayudar y sanar, así que, ¿por qué no reflejar su presencia a través de mis palabras? Además, algunas personas que habían probado ya este tipo de oraciones me habían informado sobre experiencias y encuentros milagrosos.

Tiempo después, la mujer del divorcio vino a verme para ponerme al día.

—Mi ex y yo no nos dirigíamos la palabra —puntualizó—. Pero el día del divorcio me dijo: «No quiero rencores».

Empecé a emplear este método para todo. En cuanto algo no terminaba de funcionar con alguna de mis colaboraciones profesionales, decía:

—Gracias, ángeles, por esta relación que ya ha cumplido su cometido. Les deseo lo mejor en su viaje. Me siento bien al caminar en una dirección diferente. Me alegro hacer esto por mi cuenta y a mi manera. Gracias, ángeles, por ayudarme.

Para la gente que no podía tener hijos, decía:

—Gracias, ángeles, por ayudarme a tener este bebé. Es estupendo sostenerlo en mis brazos.

Y se quedaban embarazados.

Cada vez me enfocaba más en los *sentimientos*. Una de las cosas que debemos hacer es ser conscientes de nuestras propias emociones y experimentarlas. Yo siempre he sido una persona sensible; siento mucho las cosas y sé que eso es de ayuda a la hora de pronunciar estas oraciones.

Entonces, ¿qué sentirías si de verdad obtuvieras lo que deseas? Se curó la rotura, nació el bebé, se resolvió el divorcio, surgió una nueva oportunidad profesional, ¿desapareció la soledad?

Tómate un momento y di: «Gracias, ángeles, por ser testigos de mis plegarias e intenciones». De verdad creo que con solo pronunciar esas palabras sentirás que la carga comienza a desaparecer.

Empecé a dar este consejo sin orden ni concierto. En cuanto alguien necesitaba ayuda, escribía esta oración con esa intención de sentimiento y como si ya hubiera sucedido, como si el universo ya estuviera totalmente alineado.

Porque lo estaba.

Y, cómo no, ¡después tenía que enseñar a la gente la danza de la victoria! Esto es algo que aprendí del autor David Hamilton, colega de Hay House. Consiste en bailar como si lo que estuvieras *manifestando* ya hubiera sucedido. Supuestamente hay algo de ciencia en todo esto, y es que, cuando celebras algo como si ya hubiera pasado, aumentan las probabilidades de que se haga realidad. Además, la celebración es una de las frecuencias espirituales más elevadas que hay, y hace que tus oraciones sean amplificadas, escuchadas y respondidas.

El *sentimiento* en sí es el milagro. ¿Cuál es el sentimiento principal que aspiras tener? Muéstrales a los ángeles tu agradecimiento por él y deja que suceda. Cuando te obsesionas con una cosa o un camino, es probable que limites tus propios pensamientos sobre lo que consideras posible. Pero tal vez tus ángeles tengan preparado algo diferente para ti. Ten por seguro que lo que suceda te conducirá hacia la evolución.

◆ ◆ ◆

Después de esto, ya podemos hacer una lista con algunos puntos sobre cómo hablar con los ángeles:

- Empieza dando las gracias.
- Reza al principio, no al final.
- Habla como si tus deseos ya se hubieran cumplido e imagina cómo te haría sentir eso. Déjate llevar por dicho sentimiento.

En tu día a día, ten presente que los ángeles están contigo y agradece su compañía. Puede que empieces a percibir más belleza a tu alrededor; si es así, no te olvides de darles las gracias a los ángeles por propiciar un mundo tan hermoso. Quizá notes que tu dolor de cuello empieza a disminuir, o que un vecino gruñón comienza a saludarte cada mañana mientras riega sus rosales.

Los ángeles siempre están a tu disposición. Familiarízate con ellos antes de que los necesites de verdad, así será más probable que tengas una buena comunicación con ellos en momentos difíciles.

Del mismo modo, si puedes mostrarles tu agradecimiento por apoyarte incluso cuando no necesitas su ayuda, el apoyo que tú puedas brindar a los demás se verá reforzado. Nada les gustaría más a los ángeles.

Desarrolla tu amor y conciencia. Expande tu curiosidad. Una conversación con los ángeles no es un guion. Empieza con un sentimiento (¡después de darles las gracias!).

Y descubre hacia dónde te lleva.

10
Señales de los ángeles

«Y allí en la quietud,
en la llamada de atención,
quizá podamos salvarnos».

*The Book of Nature: The Astonishing Beauty
of God's First Sacred Text*[1], BARBARA MAHANY

MI VIDA ES BASTANTE PECULIAR. Si digo lo que no debiera, las luces se apagan. Las puertas se abren sin motivo aparente. Se produce un fuerte golpe en otra habitación. Sonidos estridentes suenan por doquier. Oigo mi voz cuando nadie me ha llamado. Ayer mismo, una intensa luz azul se me cruzó por delante. Los números angelicales, como el 444, aparecen todo el tiempo de maneras extrañas y maravillosas. El otro día le envié un mensaje de voz a mi amiga Robyn que marcaba exactamente un 3:33. Tres minutos y 33 segundos, clavados. No es como si hubiera planeado dejar de hablar justo en ese instante. Estaba en el coche, grabando con el manos libres. Simplemente… ocurrió.

Esto pasa todo el tiempo.

Tengo un recordatorio constante de que una presencia me acompaña.

Cuando formaba parte de la Iglesia espiritualista, aprendí lo que son las señales y qué métodos utilizan los ángeles y los espíritus para transmitirlas. Descubrí que los ángeles pueden recurrir a utilizar todos nuestros sentidos y más con el fin de hacernos llegar su preciada ayuda. Recurrirán a algo que nos rodea y dirigirán nuestra atención hacia eso, sirviéndose de nuestra sensibilidad e intuición naturales.

————————— ◆ —————————

La naturaleza de los ángeles es comunicar
y hacernos recordar su presencia.

————————————————

Recuerdo cuando me mudé a un estupendo apartamento del centro de Glasgow —la primera casa que pude considerar mía— y vino un amigo a visitarme. Salimos a cenar y, de vuelta en casa, mientras descansábamos en el salón diáfano, todas las luces de la cocina empezaron a parpadear, seguidas de las de la sala de estar.

—Creo que tenemos visita —comenté.

—Hostia puta. ¿*De verdad* hay alguien más aquí?

Yo también hice esa pregunta, quizá con más ganas que mi amigo de que la respuesta fuera «sí». Las luces siguieron parpadeando a modo de confirmación.

—¡Vete a la mierda! —añadió mi amigo—. Hay que parar esto.

Yo sonreí. Siempre estoy en comunicación con el mundo espiritual. Las señales de los ángeles están completamente entrelazadas a mi vida. Nunca dejo de ser consciente de que hay algo más grande ahí fuera. Por ejemplo, hoy mismo, el código para acceder al parque para perros era 3444; ¡una señal que aparece justo mientras escribo sobre señales!). Así es mi vida, y a pesar de todo aún se me pone la piel de gallina. O de ángel.

Cuando era niño, mi abuelo materno, Fred, solía referirse a sí mismo como un zorro plateado. El hermano de mi madre, mi tío Jim, tenía una radio CB que usaba para hablar con gente de cualquier rincón del mundo. La familia de mi madre se sentaba alrededor de la radio y mantenía charlas con extraños. Todos tenían un nombre en clave: el de mi madre era Lady Godiva; el de mi padre, Zorro Plateado.

En mi trigésimo cumpleaños, me tatué un zorro en la mano. Al poco de mudarme a la que ahora es mi casa, comencé a ver a un zorro rondando por el barrio. Lo llamé Freddy Fox y, de vez en cuando, le daba algo de comer. Ahora Freddy viene a mi puerta cada noche, en compañía de la Sra. Fox. Algunos días que salgo de yoga algo más tarde de lo habitual (ya sabes, una noche de fiesta salvaje), me cruzo con Freddy justo cuando accedo a mi urbanización desde la calle principal. Él espera ahí fuera hasta que ve mi coche; en cuanto lo distingue, corre hasta mi casa para recibirme.

Cuando estoy fuera, suelo ser de los que dicen «cuantos más, mejor», pero en realidad mi vida es bastante solitaria en muchos sentidos. Rezo mis oraciones angelicales. Pedaleo en mi bicicleta Peloton. Practico kundalini yoga. Cuido de mi madre y me ocupo de los perros. Me paso horas solo, sobre todo cuando estoy en modo escritor, con la única compañía de mi portátil.

Saber que los ángeles están conmigo me otorga una sensación de empoderamiento. ¿Una fecha de entrega imposible de cumplir? Ahí están ellos mientras tecleo página tras página. ¿Una incómoda reunión por Zoom? Se que están animándome, y me ayudan a recordar que debo respirar durante la llamada.

Y, si alguna vez no estoy seguro de si están a mi lado, todo lo que tengo que hacer es pedirles una señal. Los ángeles siempre envían señales cuando se lo piden.

SEÑALES INCONFUNDIBLES

Una vez le estaba realizando una lectura a un político; él me consideraba un joven con bastante talento, aunque el tema de los ángeles no le terminaba de convencer. Así que le dije: «Deberías pedirles que te envíen alguna señal, una que sea inconfundible».

Un par de días más tarde, en mitad de uno de sus discursos, metió la mano en su bolsillo en busca de algo. Sacó una gigantesca pluma blanca envuelta en celofán. ¿Cómo? ¿Una pluma de verdad dentro de su bolsillo? ¿Con celofán?

Las plumas son las tarjetas de visita de los ángeles. Si encuentras una en algún lugar inexplicable, se debe a que un ser celestial te ha hecho una visita.

Tengo otra historia genial sobre señales inconfundibles. Hace unos diez años, asistí con un grupo de gente a un festival en Yorkshire. Por el camino, vi un número angelical en el reloj, creo que se trataba del 11:11, y dije:
—Pedid todos un deseo.

———————————— ♦ ————————————

El número 11:11 es el mensaje angelical definitivo
que te recuerda tu conexión con el universo
y que tus oraciones pronto serán respondidas.

————————————————————————

Uno de mis amigos contestó de inmediato:
—No sé si creo en esas tonterías.
—Venga, Kyle —respondió otro—, siempre estás buscando esas señales, por eso no paras de encontrarlas. Es un sesgo de confirmación.
Esta anécdota tuvo lugar mientras escribía *Angels Whisper in My Ear*. En resumen, tenía a los ángeles susurrándome en un oído mientras todos mis amigos me cuestionaban en el otro.
—Puede ser —dije yo—. Igual sí que lo hago. Pero ¿y si hacemos un pequeño experimento?
—¡Claro! ¿Por qué no?
Decidimos llevar a cabo una prueba; yo debía pedirles a mis ángeles que nos enviaran alguna señal de que se encontraban entre nosotros.
Pues bueno, comenzaron a salir cifras por todas partes. Hicimos una parada para comprar, y uno de mis amigos pilló unas bebidas (y tabaco, no voy a mentir); todo junto costó 5,55 libras. Después fuimos a comer algo y dividimos la cuenta; tocamos a 4,44 libras por cabeza. Cada vez que hacíamos algo, aparecían números angelicales.
—Vale, esto empieza a ser muy raro —comentó el más escéptico de todos.
Era innegable.

Los ángeles recurrirán a cualquier cosa que haya a nuestro alrededor para llamar nuestra atención, pero de verdad que también creo que tienen la capacidad de manifestar cosas. En espiritismo, cuando algo aparece de la nada durante una sesión, se denomina *aporte*. La pluma que aquel político sacó del bolsillo, ¿la habían puesto ahí los ángeles?

La primera vez que me invitaron a hablar en el extranjero, hace doce años en Hamburgo, Alemania, recibí una señal inconfundible cuando empecé a temblar como un flan a la hora de registrarme en el hotel. (De hecho, rebobinemos un segundo: el año anterior a ese me habían invitado a hablar en el Angel Congress de Salzburgo, Austria, pero el avión que teníamos delante se había incendiado; cerraron la pista y no pudimos despegar, así que terminé dando el discurso por Skype). En cuanto a la conferencia de Hamburgo, esta supuso mi primera charla a nivel internacional que de verdad hice en persona, y estaba muy nervioso. ¿Quién era yo para hablar delante de todas esas personas? En ese momento, Doreen Virtue estaba de gira como el principal experto en ángeles del mundo. Yo en cambio solo estaba tratando de labrarme un nombre, y para nada era conocido. Por tanto, les pedí a los ángeles que me enviaran alguna prueba de que estaban conmigo; cuando me disponía a registrarme en el hotel, la tarjeta identificativa del recepcionista ponía claramente: ÁNGEL.

—Perdón, ¿podría hacerle una foto a tu tarjeta identificativa? —le pregunté.

—Claro —respondió él.

—Gracias —dije yo, y al momento pensé: «Gracias, ángeles. Gracias por hacerme saber que estáis a mi lado y que formáis parte de este viaje».

Espero que a estas alturas ya tengas claro que los ángeles también forman parte de tu viaje. En cada instante de tu vida hay un equipo de animadores reflejándote el amor que tú mismo eres. Pero también entiendo que estés buscando una señal en toda regla, al igual que el político que encontró la pluma, o yo cuando llegué a Hamburgo; una señal que te confirme que vas por el camino correcto y que no estás solo. ¿Alguna vez has recibido una señal? ¿Cómo la reconocerías?

CÓMO RECONOCER LAS SEÑALES

A veces una mariposa es solo una mariposa; otras, un mensaje divino. ¿Cómo puedes saber si tienes un ángel tratando de captar tu atención?

——————— ◆ ———————

Si tu primer instinto es pensar:
«Eso es una señal», es porque lo es.

Confía en tu intuición. ¿Y cómo puedes reconocerla? Muy fácil: cuando tu instinto esté tratando de decirte algo, notarás una sensación de calma. Si sientes que la ansiedad, o incluso el miedo absoluto, se apodera de ti, sabrás que no debes prestarle atención a esa voz. La negatividad propia de ese tipo de diálogo interno te llevará por mal camino. Por tanto, permítete confiar en tu voz interior. Esta práctica no consiste en entregarle tu poder a otra persona o cosa, sino de reclamar el poder que ya está dentro de ti.

Como ya hemos visto, los ángeles son mensajeros. Establecer contacto con las personas está en su naturaleza. A diferencia, quizá, de algunas amistades, los ángeles nunca te dejarán en leído. Son como esa amiga parlanchina que nunca se calla, o como un perrito tan impaciente que te saluda como si no te hubiera visto en un mes, cuando en realidad solo habías ido al supermercado. Los ángeles quieren seguir recordándote que están cerca de ti. No es que busquen que tu relación con ellos sea codependiente, sino más bien que quieren hacerte saber que no estás solo.

Si ves algo que te parece una señal y te sientes conectado, es porque *lo estás*. No hay por qué cuestionarse esa sensación, pues es un momento que trasciende al lugar donde te encuentras y a lo que estás pensando. El poeta y profesor Mark Nepo lo describe de una manera muy hermosa: es un momento en el que «pensar, sentir, saber y ser son lo mismo»[2].

Muchos de nosotros estamos atentos a las señales, aunque la mayor parte del tiempo estas aparecen cuando no las buscamos. Nuestra labor es crear una predisposición en nuestro interior que provoque la manifestación de esas señales. Siempre puedes pedirles a los ángeles que te envíen una prueba determinada, pero a veces eso implica que tendrás que esperar más de lo que te gustaría. Yo prefiero entregarme por completo a estos seres celestiales, y, por la gracia de Dios, que sean ellos quienes me envíen señales para reafirmar que están a mi lado.

Debo confesar que, al principio, cuando comencé a adentrarme en este mundo, solía pedir señales para cerciorarme de que los ángeles estaban cerca; sin embargo, a medida que aumentaba mi confianza en ellos, mis peticiones fueron cesando. No tardé mucho en descubrir que, si mantienes una comunicación constante con ellos a través de realizar prácticas espirituales en tu día a día, serás bendecido con señales, y la intensidad de estas te dejará impresionado.

Invocar una señal

Si deseas recibir una señal, puedes probar el siguiente ritual:

Imagínate rodeado de luz dorada. Visualiza cómo esa luz se mueve sobre ti. Esto fortalece aún más tu conexión con los ángeles. Es como una conexión de banda ancha para tus oraciones basada en la idea de que nosotros mismos somos luz, al igual que los ángeles. Gracias a esta luz podemos tanto atraerlos hacia nosotros como acercarnos nosotros a ellos.

Si te cuesta visualizar esto, también puedes pronunciar la siguiente oración en su lugar:

«Estoy inmerso en una luz dorada. Ha inundado mi cuerpo de la cabeza a los pies».

A continuación, con una intención de amor, añade:

«¡Gracias, ángeles, por recordarme vuestra presencia!».

Si lo deseas, también puedes incluir algunos agradecimientos. Ese tipo de cosas amplifica notablemente la conexión angelical. Yo suelo decir:

«Qué bien sienta saber que estáis aquí. ¡Agradezco mucho poder hacer este viaje juntos!».

Por último, ¡déjate llevar y ponte en manos de Dios! Permite que los ángeles te bendigan con su presencia.

A continuación, veremos qué debes *hacer* cuando recibas una señal.

QUÉ HACER AL RECIBIR UNA SEÑAL

Aparte de escuchar una y otra vez el éxito «The Sign» [«La señal»], de Ace of Base, ¿qué debes hacer cuando recibes una? Muchas personas se ponen inmediatamente de los nervios mientras tratan de descifrar su significado. Pero, antes de tratar de interpretarla, debemos dar las gracias por ella. Seguro que no te gustaría ser como ese sobrino que nunca dice nada sobre el regalo de cumpleaños que le hiciste, y la única confirmación de que lo ha recibido es que el cheque ha sido cobrado. Por tanto, empieza con un «Gracias». Aquí tienes algunas sencillas frases para mostrar tu aprecio:

- «Gracias, ángeles, por revelarme esta señal».
- «Gracias, ángeles, por ayudarme a recibir vuestro apoyo».
- «Gracias, ángeles, por recordarme que estáis aquí».

- «Gracias, ángeles, por confirmar que sigo el camino correcto».

Quizá te hayas fijado en que las tres primeras afirmaciones se centran en agradecer la ayuda de los ángeles, mientras que la cuarta difiere ligeramente, pues sugiere que la señal recibida confirma que vas por buen camino. ¿Cómo puedes saber que se ha dado ese último caso?

La verdad es que descifrar las señales es bastante sencillo, ya que todas comparten exactamente el mismo mensaje principal: «Vas por buen camino. Tu intuición está afinada. Sigue avanzando en la misma dirección».

Si buscas concretar aún más el significado de la señal, quizá puedas conseguirlo. Por pedir que no sea.

———————— ◆ ————————

Recibir una señal te da la oportunidad
de tomarte un respiro y pedir a los ángeles
que te revelen lo que necesitas saber.

Incluso si lo único que obtienes es la señal en sí misma, confía en que algo estás recibiendo de todos modos. Sigue creciendo y mantente receptivo. Los ángeles quieren ayudarte a estar en sintonía con tu propia intuición. Cuando lo estés, las respuestas llegarán.

Si realmente no sabes cómo interpretar alguna señal, la solución es dejar que el significado se revele por sí solo y confiar en que así será.

Aunque, si quieres, ¿por qué no te diriges directamente a la fuente? El mayor error que casi todos cometen a este respecto (además de olvidarse de dar las gracias) es que nunca le preguntan al emisor de las señales por el significado que se esconde tras ellas. En su lugar, le dan vueltas en silencio o le preguntan a alguien: «¿Qué crees que significa?». Recuerda que los ángeles siempre están ahí para apoyarnos, así que agradéceles que estén dispuestos a ofrecernos su ayuda para descifrar el mensaje. Después, escucha su respuesta.

A los ángeles les encanta enviar señales y se emocionan cuando las interceptamos. Pero tampoco podemos pensar que son como un examen sorpresa. El objetivo de las señales es mostrarte que los ángeles están contigo y animarte en tu camino. Si estás pasando por un bache, recibir una señal significa que lo superarás.

Teniendo esto presente, si recibes una señal, no desperdicies el momento. Esta es tu indicación para bajar el ritmo y pararte a escuchar. Por poner un ejemplo, muchas personas se pondrían a hacerle una foto a una nube con forma de alcachofa; entre tanto, ese momento sagrado se les escapará.

——————————— ◆ ———————————

Cuando recibes una señal,
¡estás conectando con los ángeles!

Sé que hablo de la conexión angelical como si fuera algo cotidiano —y así lo es para mí, como puede serlo para ti también—, pero además es algo completamente increíble. No debemos olvidar esto. No hay nada de mundano y aburrido en hablar con los ángeles. Presta toda tu atención a la conversación.

A continuación encontrarás una lista con un resumen de todos los puntos anteriores para que puedas consultarla cuando necesites recordar algo.

Antes que nada, deja que las señales lleguen a ti; no las fuerces a salir. Cuando de verdad recibas una señal:

- Da las gracias a los ángeles.
- Mantente presente. No te distraigas subiendo una foto a tus redes sociales. En este momento estás en plena conexión con los ángeles.

- Ten la certeza de que estás exactamente donde debes estar.
- Pide una aclaración si así lo deseas. Cuando recibas un mensaje adicional, si es que lo recibes, mantente alineado y ten por seguro que tu camino se revelará en el momento adecuado.
- Tómate un momento, siempre que te sea posible, para hacer una pausa y recibir cualquier mensaje intuitivo que puedan enviarte los ángeles.
- Quizá te apetezca decirles: «Gracias, ángeles, por revelarme lo que necesito saber. ¡Estoy dispuesto a escuchar!».

¿QUÉ ES RELEVANTE?

Debo apuntar que, a pesar de estar constantemente rodeado de señales, trato de no darle demasiada importancia a *cada cosa*. Puedo poner de ejemplo una libélula que vino a parar a mi sala de estar. La energía de las libélulas representa el comienzo de un viaje. Si no dejamos de encontrarnos con este insecto, los ángeles nos quieren decir que permanecerán con nosotros durante todo el camino. Este pequeño ser vivo entabla muchísimas bendiciones, pues demuestra que estamos haciendo un buen progreso en nuestro viaje. Pero, en mi caso, creo que solo se trataba de un insecto del jardín.

Una semana después de que la libélula entrara en mi sala de estar, apareció un abejorro que se posó en mi sofá. Los abejorros representan la necesidad de reunirse en comunidad para sanar el mundo. Eso es algo que me encanta. Puede que esta idea me sirva como eslogan para alguno de mis cursos en línea, o incluso para todos.

Las abejas, al trabajar juntas en comunidad para crear miel, nos recuerdan que nosotros también debemos colaborar en equipo con el fin de tener un impacto positivo en el mundo. Además, dado que las abejas son tan importantes para la preservación del ecosistema terrestre, verlas nos indica que los ángeles nos están agradeciendo todo el trabajo duro que realizamos por los demás, pues esa labor hace que el mundo sea un lugar mejor.

Sin embargo, yo no percibí ninguna conexión con la libélula ni con el abejorro. No parecían ser señal de nada, como mucho de que quizá mi mosquitera tenga algún agujero y de que tal vez deba cortarles las uñas a mis perros.

Creo que es importante no sobreinterpretar las señales en potencia. De lo contrario, se podría producir una especie de ruido estático que interferiría en la interpretación de las señales y nos haría más difícil escuchar los verdaderos y valiosos mensajes de los ángeles. Por tanto, mantengamos el camino despejado para las señales que resuenen con nosotros y nos hagan avanzar en nuestro camino espiritual.

——————————— ◆ ———————————

Cuando se trata de leer señales, mantente arraigado
en lo que parezca ser parte de tu plan divino.

——————————————————————

Espanté a la libélula y al abejorro sin darles mucha importancia, pero he de decir que las señales de la naturaleza son mis favoritas. Freddy Fox me hace feliz cada vez que lo veo, y siempre agradezco a los ángeles el mensaje de mi abuelo.

Creo que ahora es buen momento para enseñarte el significado que hay detrás de algunas de las señales de la naturaleza que pueden darse con mayor frecuencia.

SEÑALES DE LA NATURALEZA

Los ángeles adoran la naturaleza, por lo que tienen la facilidad de jugar con sus leyes para transmitir sus mensajes. Pueden hacerlo a través de nubes que trazan objetos determinado, verduras en forma de corazón, y un sinfín cosas más. Recuerdo que, una noche, mi madre se encontró una patata con la forma de un corazón perfecto; esto ocurrió tras haber estado rezado algunas oraciones en la cocina mientras preparaba la cena. Sintió que era la prueba de que el cielo le sonreía.

Los petirrojos son una hermosa señal de la naturaleza. Traen un mensaje de un ser querido desde el mundo espiritual, sobre todo si nos encontramos en un período de profundo dolor o si alguien ha fallecido recientemente. Su mensaje es: «Estoy aquí contigo».

Dado que los pequeños petirrojos son pájaros territoriales, cabe la posibilidad de que nos visiten con frecuencia y hagan suyo nuestro territorio, convirtiéndose así en los mensajeros perfectos de un ser querido fallecido.

Hay otro pájaro que se asocia particularmente con seres queridos que nos envían un mensaje desde el más allá: la urraca. El significado de estos encantadores pájaros ha ido cambiando a lo largo de los años. Yo creo con firmeza que aparecen para transmitirnos que un ser querido nos envía su amor y nos cuida. Si vemos una bandada de urracas, cada una representa a un ser querido que nos observa desde el cielo.

Las águilas, los halcones y el resto de aves rapaces comparten con nosotros un mensaje de los ángeles para que veamos las cosas desde una perspectiva más elevada. Cruzarse con un ave de este tipo te invita a adoptar un enfoque más amplio, a ver las cosas desde otro punto de vista que vaya más allá de tus propias ideas personales sobre lo que quieres, ya que el universo siempre te está guiando hacia tu mayor beneficio.

Esos pequeños insectos rojos conocidos como mariquitas son símbolos de felicidad y paz. Desde que era niño, instintivamente sabía que daban buena suerte. Cuando estos bichitos aparecen en nuestra vida, los ángeles nos están diciendo que están con nosotros, allanando nuestro camino.

Más abajo encontrarás las diferentes interpretaciones de muchas otras señales, desde mariposas hasta ruidos estridentes. Por otra parte, quiero que sepas que no tienes que preocuparte de recibir señales malas.

La superstición ha causado mella en muchos de nosotros, que a menudo sacamos las peores conclusiones. He recibido cientos de correos electrónicos y mensajes por redes sociales de personas inquietas por las posibles implicaciones espirituales de haber roto la estatua de un ángel mientras limpiaban o haber visto una figura sagrada caer por el viento, entre otras cosas similares.

Yo quería aclarar este asunto, así que les pregunté a los ángeles directamente. Ahora puedo afirmar que, cuando se te rompe el ala, la estatua o cualquier otro objeto que represente a un ángel, significa que estos extraordinarios seres están sufriendo por ti o en tu lugar. Están protegiéndote de una experiencia negativa o liberándote del dolor de alguna forma, para que así no tengas que seguir cargando con ello tú.

Hace tiempo, mientras atravesaba unos momentos difíciles, tiré por accidente mi estatua del arcángel Miguel, y se le cayó la cabeza. Al principio sentí un gran enfado, pero, después de meditarlo, recibí un mensaje claro y revelador: «La estatua perdió la cabeza para que no tengas que hacerlo tú». Lo cierto es que, en esa época de tanto estrés, sí que estaba «perdiendo la cabeza». Por tanto, en esa ocasión fue fácil interpretar el significado, y les di las gracias a los ángeles por haberme enviado una señal tan evidente.

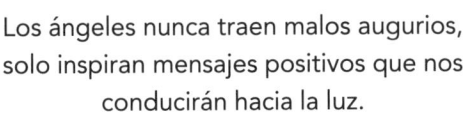

Los ángeles nunca traen malos augurios,
solo inspiran mensajes positivos que nos
conducirán hacia la luz.

Otra cosa interesante acerca de los mensajes de los ángeles es que pueden adaptarse a nuestro mundo en constante cambio. ¿Qué quiero decir con esto? Ahora lo veremos.

Adaptación angelical

Como ya sabes, los ángeles pueden aparecer en innumerables formas, desde un orbe de luz brumosa hasta un triángulo azul, pasando por una mujer que camina por una carretera rural en plena oscuridad. No solo son expertos en cambiar de forma, sino que su lenguaje está en constante evolución; de este modo, son capaces de transmitirnos información a través de todos los nuevos medios de comunicación que utilizamos.

Cuando estamos en sintonía con la frecuencia de los ángeles y percibimos señales a nuestro alrededor, posiblemente notemos que muchas de ellas son bastante modernas. Números que se repiten en nuestro teléfono inteligente. Contenido en *streaming* que guarda relación directa con la ayuda que necesitamos. Notificaciones de una aplicación. Nuestra impresora actuando de forma extraña. Luces inteligentes que parpadean. Un error tipográfico que revela algo que necesitamos saber. Un desliz del GPS que nos lleva por un camino aparentemente equivocado, pero que resulta ser el correcto. A los ángeles les encanta usar lo que tenemos a nuestro alrededor y muchas veces recurren a aparatos electrónicos, así que, si algo no funciona correctamente, que no te pille por sorpresa: ¡tienes visita!

A mí me han pasado cosas como que mi teléfono se encienda y apague solo, que la televisión cambie de canal por sí misma o que la pantalla de mi ordenador se quede bloqueada con la imagen de un ángel que revela un mensaje importante. Últimamente no dejo de recibir notificaciones de TikTok sobre una joven que se quitó la vida no hace mucho. «Haz clic aquí para ser su amigo», me dicen una y otra vez. Está claro que esa chica está intentando ponerse en contacto conmigo, ¿no? Pero ni siquiera tengo perfil en TikTok. Ahora mismo, no tengo claro qué puedo con este asunto, pero estoy seguro de que lo que necesito saber y hacer se revelará en una secuencia espaciotemporal perfecta. Entre que llega ese momento y no, he de asegurarme de que mis acciones, mis decisiones y mi vida estén en sintonía con la frecuencia de este amor supremo.

Sé que puede resultar extraño pensar que los ángeles puedan comunicarse a través de este mundo nuestro de alta tecnología, pero recuerda que son eternos. La era de los teléfonos inteligentes es solo un pequeño parpadeo en su escala de tiempo. Para ellos, la Edad de Piedra, que duró varios millones de años, también fue solo un episodio pasajero. Un parpadeo más largo, si tal, pero un parpadeo al fin y al cabo.

Por tanto, los ángeles nos envían mensajes echando mano a todo lo que nos rodea, pero aquí viene la gran pregunta: ¿Nosotros estamos escuchando?

¿Estás escuchando?

A veces los ángeles hablan alto y claro. Conocí a una mujer que iba con su vehículo por la carretera cuando una voz procedente de la nada le dijo: «Pásate al otro carril». Ella cambió de carril sin pensárselo dos veces, y nada más hacerlo comenzaron a caer cosas de la parte trasera del camión que antes tenía delante. Consiguió salvar su propia vida al hacer caso a esa voz. Pudo haberla ignorado, pero, como no lo hizo, salió sana y salva. Para ella, esta experiencia le dio un motivo para vivir, una nueva causa por la que estar agradecida; además, hizo que se sintiera conectada a algo superior. La experiencia le confirmó que podía tener una vida con un mayor propósito.

¿Alguna vez has recibido un mensaje así?

A lo largo de mi vida, he conocido a muchísimas personas que han escuchado una voz de advertencia: «No hagas eso», «No vayas», «Espera una hora más antes de salir», «No confíes en esa persona». Sin embargo, también hay quienes ignoran esas voces durante años. ¿Cuánta gente hay que sigue estando en una relación que tal vez debería haberse terminado diez años atrás? ¿Cuántas personas van de camino a un trabajo que llevan deseando dejar desde el primer día? Muchos de nosotros no estamos escuchando. Nos han enseñado a ignorar nuestros propios sentimientos e intuiciones, a no molestar a los demás, y así hemos aprendido a ignorar esas voces.

Esto guarda relación con lo que se ha hablado previamente acerca del instinto y de confiar en nuestras corazonadas.

◆

Si queremos oír a los ángeles, antes debemos
escucharnos a nosotros mismos.

Aunque tendamos a no escuchar la voz de nuestro interior, me he dado cuenta de que a menudo, en momentos de vida o muerte, nos invade una sensación de calma. En esos instantes de cambio drástico, nuestra voz interior puede sonar más fuerte que nunca. De verdad creo que, si se avecina algo realmente malo para nosotros, podremos percibirlo y saber que aún no ha llegado nuestro momento de irnos.

Durante cuatro o cinco años, estuve trabajando para la revista *Women's World* revisando historias sobre ángeles. Mientras redactaba mi columna, me fui dando cuenta de que, en muchas de las historias, la gente tenía poder de elección cuando se trataba de una cuestión de vida o muerte; podían decidir si tomaban la mano de su ángel o no. Me pregunto cuántas personas habrá que escucharon esa voz, pero no le hicieron caso, y ahora ya no están aquí.

En primer lugar, los ángeles intentarán establecer contacto con nosotros desde nuestro interior, enviándonos un mensaje a través de nuestro propio corazón. Pero, si no estamos escuchando, tratarán de llamar nuestra atención a través de otros medios —y no se rinden con facilidad—. Por tanto, dejarán una pluma o una moneda, o enviarán una urraca o una mariquita. Después, las señales se volverán cada vez más claras. Al final, usarán un megáfono o algo equivalente (por ejemplo, un coche que pasa por delante de nosotros con una pegatina en el parachoques que tiene escrito el mensaje que necesitamos, o un repartidor de UPS que lleva una tarjeta identificativa con el nombre de Rafael).

Aun así, algunas personas no quieren asumir la responsabilidad que implica escuchar a los ángeles. Mi amigo Stephen, por ejemplo, no cree en nada. Hasta él mismo me dice: «Hay algo siniestro en ti. Desde luego hay algo un poco raro». No se lo puedo discutir. Aunque, si me preguntas a mí, diría que es más bien porque él no está dispuesto a reflexionar de verdad sobre qué es ese «algo siniestro» o de dónde viene, ya que supondría asumir cierta responsabilidad y quizá dar un paso hacia un camino espiritual. Y ese camino no siempre es fácil.

Este es un tema que intento plantear a través de este libro. Aunque quiero mostrarte cuánta luz y amor pueden traer los ángeles a tu vida, no todo es luz y amor, porque aquí en la Tierra somos humanos. Los ángeles no están aquí para arrebatarnos nuestra experiencia humana.

La verdad es que muchos de nosotros estamos sufriendo. Y hasta la gente más devota y mística lo pasa mal también. Para mí, esto fue un importante toque de atención cuando pasé a formar parte del circuito de oradores espirituales, en él se encontraban esos reconocidos médiums, espiritistas y canalizadores a los que tanto admiraba por la televisión, los libros y las revistas. Todos ellos atravesaban desafíos cotidianos en su día a día, al igual que el resto del mundo. Sin embargo, desde mi punto de vista, cuanto más humanas se vuelven las personas, más sagradas parecen ser.

La gente se enfrenta a todo tipo de problemas constantemente. Por fortuna, durante los últimos años hemos ido siendo cada vez más conscientes de algunas de las cosas a las que las personas se enfrentan en sus vidas.

Esto es a lo que me refiero cuando digo que podemos esperar que ocurra un milagro, lo cual me lleva a hablar de otra señal.

ARCOÍRIS

No sé si te acordarás de la hermana de mi madre que mencioné antes, mi tía June, que se ocupaba de mí cuando mi madre trabajaba. Es la que se casó con un pastor, y la iglesia de este pastor fue la primera iglesia a la que asistí cuando era niño. En aquel momento, June se había convertido en una devota cristiana, pero años atrás era un poco vidente y leía las hojas de té a familiares y amigos.

En la escuela dominical a la que asistía en esa iglesia, nos contaron la historia de Noé. Al final, tras el Diluvio, aparece un arcoíris, una promesa de Dios de que las cosas mejorarán a partir de ese momento. Ese mensaje quedó grabado en mi corazón desde una edad temprana. Y aquí sigo, siempre esperando que llegue un milagro.

June creía que, cuando veía un arcoíris, Dios estaba respondiendo a sus plegarias. La creencia de mi tía se sumó a lo que yo ya había aprendido de las oraciones de mi vecina Margaret en su iglesia. Con June entendí que, cuando rezas una oración, algún tipo de respuesta está en camino, aunque quizá no llegue por el medio oral, sino en forma de señal.

Mi tía June falleció hace tres años, y a día de hoy me acuerdo de ella cada vez que veo un arcoíris.

Cuando vemos arcoíris por doquier, es una promesa del universo de que nuestras oraciones pronto serán respondidas. Los arcoíris nos animan a tener fe porque los ángeles tienen fe en nosotros. También son la prueba de que nuestras oraciones han sido recibidas.

OTRAS SEÑALES DE LOS ÁNGELES

Como ya hemos visto, a los ángeles les encanta hacernos saber que están cerca y que harán todo lo que esté a su alcance para enviarnos un «guiño» desde el cielo. A lo largo de los años, he tomado nota de las señales que nos mandan para recordarnos que nos acompañan. A continuación expongo algunas más, junto con sus significados.

Estatuas, figuras, confeti de ángeles y cosas similares

Encontrar cualquier tipo de objeto que represente a un ángel significa que ellos están más cerca de lo que creemos. Cuando nos topamos con alguna cosa de este tipo —puede que un trozo de confeti en forma de ángel en el interior de nuestro zapato o sobre la mesa de un restaurante, o quizá la estatua de un ángel en un parque—, es porque nuestros seres celestiales nos quieren comunicar que están con nosotros, que escuchan nuestras plegarias y que hacen todo lo que está en sus manos para ayudarnos en nuestro viaje.

Símbolos angelicales

A los ángeles les encantan los pequeños símbolos, y adoran utilizarlos para decirnos que están presentes. Es posible que traten de captar nuestra atención en el día a día con cosas que parezcan alas, plumas o incluso siluetas angelicales.

Mariposas

Las mariposas son las señales favoritas de los ángeles, y tienen un doble significado. Este insecto lleva mucho tiempo siendo considerado como un símbolo de transformación, y me ha dado cuenta de que suelen cruzarse en nuestro camino cuando atravesamos grandes períodos de cambio y superamos desafíos anteriores. Sin embargo, también he notado que acuden a nosotros cuando perdemos a un ser querido que estaba sufriendo. Esta persona nos está diciendo que ha superado las enfermedades terrenales y que ya es libre.

Monedas

Siempre he creído que las monedas representan a los seres queridos que tenemos en el cielo, en particular a nuestros abuelos. Es como si se abrieran paso hacia nosotros para ofrecernos un pequeño y reluciente centavo que nos dé un empujón en la dirección correcta y nos traiga suerte.

Delfines

Los delfines son uno de los seres de la Tierra más apreciados por los ángeles; son como ángeles acuáticos. Los delfines representan la familia, la libertad y los lazos profundos de amistad y confianza. Si los vemos, se debe a que los ángeles están con nosotros, animándonos a divertirnos, ser libres y disfrutar de los amigos y familiares que tenemos a nuestro alrededor.

Plumas

Las plumas son los símbolos angelicales más reconocidos. A los ángeles les encanta enviarnos plumas, y encontrarnos una es como recibir una tarjeta de visita o una carta de amor. Las plumas pueden ser de cualquier color, pero a veces su tonalidad es un mensaje en sí mismo:

- *Negro:* Tus ángeles están absorbiendo tu dolor o cualquier otra emoción complicada con la que estés lidiando en la actualidad. Tómate un tiempo para pedir el extra de apoyo celestial que necesitas y mereces.
- *Azul:* Tus ángeles te invitan a que te abras y seas honesto.
- *Verde:* Tus ángeles quieren agradecerte tu capacidad de dar, compartir y amar sin condiciones.
- *Índigo/púrpura:* Las experiencias que estás atravesando ahora te proporcionarán un despertar espiritual.
- *Naranja:* Tus ángeles están rodeándote con una luz de armonía y bienestar. El autocuidado es fundamental en este momento.
- *Rosa:* Te encuentras rodeado de amor incondicional.
- *Rojo:* Tus ángeles te apoyan a nivel físico para ayudarte a conseguir todo lo que necesitas para sentirte seguro y respaldado.
- *Blanco:* Tu ángel de la guarda quiere que sepas que se encuentra a tu lado y que es consciente de tus plegarias

y/o de tu situación actual. Te pide que tengas una actitud positiva.

- *Amarillo:* Tus ángeles quieren que te centres en aquello que sea bueno, ligero y reconfortante para ti en este momento.

Oír nuestro nombre

Oír nuestro nombre cuando no hay nadie cerca es una llamada de atención. Son los ángeles recordándonos que la respuesta que buscamos está, de hecho, en nosotros mismos, y que nunca debemos subestimar el poder que tenemos dentro.

A menudo, esta experiencia se da cuando nos estamos quedando dormidos o acabamos de despertarnos por la mañana, ya que ese estado entre el sueño y la conciencia de vigilia es una ventana que nos permite abrirnos a otros planos de existencia.

Por último, escuchar nuestro nombre indica que el Universo/Dios se hace eco del amor que siente hacia nosotros mientras nos recuerda el que yace dentro en nuestro interior.

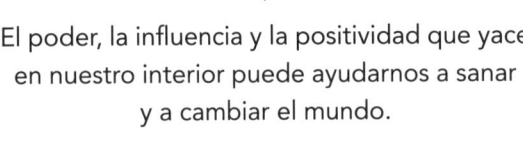

El poder, la influencia y la positividad que yace
en nuestro interior puede ayudarnos a sanar
y a cambiar el mundo.

Ruidos estridentes

Escuchar un ruido estridente es lo que yo ahora denomino *descarga.* Creo que estos zumbidos en nuestros oídos (a no ser que tengamos acúfenos) significan que estamos captando una frecuencia más allá de nuestro cuerpo, e incluso más allá de esta dimensión. Me gusta imaginar que somos como enormes radios u ordenadores andantes que reciben señales del cielo de forma constante. Tengo la sensación de que, cuando escucho un ruido estridente, estoy descargando información, y muchas veces será la respuesta a una plegaria.

Estas descargas deben descomprimirse, al igual que un archivo de ordenador. A través de la meditación, podemos pedirles a nuestros ángeles que desbloqueen esta información para que podamos seguir sus indicaciones.

Dinero

Cuando no paramos de encontramos dinero en lugares inesperados, en mitad de nuestro camino o incluso en ropa que llevamos un tiempo sin usar, los ángeles nos envían apoyo y seguridad financieros. Nos están pidiendo que abramos todas las vías para recibir la abundancia que realmente merecemos.

Música

Los ángeles adoran la música. De hecho, son cantantes realmente increíbles. Se dice que hay un tipo de ángeles, los serafines, que siempre están cantando alabanzas al Creador. En múltiples ocasiones, me he despertado escuchando sonidos y melodías tan hermosos que solo podrían ser angelicales. Estos seres aman tanto la música que permiten que sea su mensajera.

A menudo, nuestros ángeles nos animan a encender la radio, a cambiar de canal o a entrar en una tienda justo cuando suena una canción específica, para que así podamos recibir su mensaje a través de la letra o el título.

¿Recuerdas aquella lectura, el día de la barbacoa, en la que escuché la canción «Survivor» de Destiny's Child? Si los ángeles me enviaron dicha canción esa tarde de verano, fue porque creyeron que sería algo que me llamaría la atención y que me ayudaría a interpretar el mensaje que intentaban darme.

Cuando no dejamos de escuchar una canción una y otra vez, nos están pidiendo que prestemos mucha atención: ahí hay un mensaje para nosotros.

———————— ◆ ————————

La próxima vez que necesites una respuesta, pídeles
a los ángeles que te hablen a través de la música.

—————————————————————

Tengo una amiga que, justo cuando necesita saber de los
ángeles o sentir que están a su lado, oye una canción que está
relacionada con algún ser querido fallecido. Mi amiga no considera que se trate de un mensaje de los ángeles, pero ¡qué casua-
lidad más oportuna!

Estrellas

Ver estrellas dondequiera que estemos es un mensaje del
cielo dándonos las gracias por un trabajo bien hecho. Los ángeles quieren que sepamos que son conscientes de nuestros logros
y transformaciones, y que están muy orgullosos de nosotros.

Criaturas aladas

Los ángeles siempre han sido descritos y representados
como criaturas aladas, y mantienen una relación estrecha con
animales e insectos para enviarnos mensajes a través de otros
seres vivos con alas. Todos los animales, desde las abejas hasta
los pájaros, puede transmitirnos mensajes de los ángeles y del
mundo espiritual.

Palabras

A los ángeles también les encanta recurrir a las palabras.
¿Alguna vez, mientras ibas conduciendo por la carretera, te ha
llamado la atención una palabra que necesitabas escuchar? ¿Alguna vez ha pasado frente a ti una furgoneta con un mensaje
que te hacía falta en ese preciso instante? Pues estos mensajes
provienen de los ángeles.

11

¿Pueden los humanos convertirse en ángeles?

«Todos los ángeles de Dios se presentan
ante nosotros disfrazados».

JAMES RUSSELL LOWELL

HEMOS LLEGADO a una de las preguntas más frecuentes que
solemos plantearnos a la hora de entender a los ángeles:
«¿Pueden los humanos convertirse en ángeles?».

Como he mencionado antes, yo me adentré en el mundo de
los ángeles cuando muchas de las reglas ya se habían establecido. Para la mayoría de los expertos en ángeles, los humanos
eran humanos y los ángeles eran ángeles.

Yo ponía en duda esta distinción (¿comienzas a ver un pa-
trón?). De verdad sentía que, cuando nuestros seres queridos
morían, seguían viviendo, pero no estaba seguro de qué forma.
¿Podría mi abuela haberse convertido en un ángel?

En lo que respecta a nuestros ángeles *de la guarda*, siempre
he creído que tenemos uno para toda la vida y desde mucho
antes de que empiece nuestra existencia en la Tierra. Por consiguiente, no tendría sentido, por ejemplo, que mi abuela se con-
virtiera en mi ángel de la guarda al fallecer, pues yo ya tenía uno.
Pero, en cuanto a si los humanos pueden convertirse en ángeles,
no estoy convencido de que las fronteras entre ambos mundos
estén tan definidas como creen otros expertos en ángeles.

A este respecto, las Escrituras pueden orientarnos. En el
Libro de Tobit (o de Tobías), se describe a un grupo de judíos

exiliados, entre los que se encuentra un hombre llamado Tobit. (Esto sucedió alrededor del siglo II a. C., por lo que se trataría de judíos de la diáspora, cuyos antepasados fueron exiliados de Israel por los asirios unos cinco siglos antes). Mientras Tobit viajaba con un grupo de hombres por un camino, uno de ellos cayó enfermo y, como consecuencia, acabó ciego. Un hombre que parecía normal y corriente, pero que en realidad era el arcángel Rafael, vino a decir: «Mirad, soy un ángel del Señor. Y sanaré a este hombre». Este fragmento nos demuestra que los ángeles pueden disfrazarse de humanos.

———————————— ◆ ————————————

En las Escrituras, los ángeles aparecen
disfrazados de humanos. ¿Habrás estado
con ángeles sin darte cuenta?

———————————————————————

¿Las almas de los humanos se convierten en ángeles? Esta es una pregunta de gran interés para multitud de personas que anhelan conectar con familiares que han perdido. Los textos cabalísticos sugieren que el arcángel Metatrón fue una vez el profeta Enoc, bisabuelo de Noé. Enoc siempre me ha fascinado. Su figura está rodeada de mucho misterio, y ya sabes cuánto me gusta eso. No conocemos mucho de él, y el Libro de Enoc no llegó a ser canónico, sino que pasó a considerarse parte de los libros apócrifos (los protestantes tampoco incluyeron el Libro de Tobit, aunque otras tradiciones sí lo hicieron).

Bueno, pues deja que te cuente la historia de Enoc.

Enoc nació en el Creciente Fértil, en una época anterior al Diluvio. Durante toda su vida centró su atención en Dios y en las cosas invisibles y eternas, hasta que un día simplemente… se unió a Dios. En el Génesis podemos leer: «Enoc siguió los caminos de Dios y después desapareció, porque Dios se lo llevó»[1]. Enoc no murió, sino que desapareció. Se dice que se convirtió en ángel, puede que en arcángel.

El ascenso de Enoc nos recuerda la historia de la Virgen María. Parece ser que ella tampoco murió; los ángeles la levantaron y la «elevaron» al cielo. En el mundo actual es considerada la reina de los ángeles, y para mí es uno de ellos.

Resumiendo, tenemos por un lado a Rafael disfrazado de humano para ayudar a un hombre enfermo, y tenemos por otro a un par de judíos que fueron llevados al cielo por los ángeles al final de sus vidas. ¿Se convirtieron en seres celestiales?

En *Un curso de milagros*, tanto los ángeles como los humanos son descritos como «pensamientos de Dios». Teniendo en cuenta este epíteto, sería razonable llegar a la conclusión de que no hay diferencia entre ángeles y humanos, excepto que estos últimos tienen ego, mientras que los ángeles son seres puros de amor que trascienden al miedo y al odio.

Por tanto, en relación con la pregunta que da nombre a este capítulo, ¿adónde nos lleva todo esto? ¿Significa que los humanos podemos convertirnos en ángeles?

¿Tal vez?

Aunque lo digo un poco en broma, sé que es necesario dar una respuesta, sobre todo si la persona que plantea esta pregunta es un padre que ha perdido a su hijo. ¿Quién soy yo para decirle que ese niño no está cuidando de él al igual que haría un ángel? ¿Quién soy yo para declarar que un ser querido no va a convertirse en un ángel? ¿Quién soy yo para arrebatarles ese consuelo?

Hubo una lectura que cambió mi opinión sobre todo este asunto. Hasta ese momento, me parecía bien seguirle la corriente al resto, pero yo solo estaba volando a ciegas —nunca mejor dicho—.

Y entonces conocí a Nessa.

Nada más empezar la lectura recibí un mensaje.

—¿Tienes dos hijas? —le pregunté.

—No. Solo tengo una—respondió Nessa.

Entonces oí el siguiente mensaje: «Tiene una hija en el cielo».

—¿Has perdido a una hija? —pregunté amablemente.

—Sí, es cierto.

Me mantuve receptivo a los mensajes que estaba recibiendo.

—Aquí hay un ángel —le dije a Nessa—. Me dice que es tu hija. No para de repetirme que es tu ángel.

Y entonces sentí las palabras *mi ángel*.

Nessa me mostró una foto de la lápida de su pequeña, que había nacido muerta. En ella se leían las palabras MI ÁNGEL.

De ahí surgió mi costumbre de decir: «Mi ángel». Compartí esta lectura en público por primera vez en un evento en Londres y me sorprendió la acogida que recibió. Recuerdo levantar la mirada y ver a muchísima gente en espacios profundos, incluso con lágrimas de alegría corriendo por sus rostros porque toda pretensión se había disipado.

Muchos de nosotros nos presionamos a nivel psíquico para lograr conectar con los ángeles, ya sea teniendo visiones o escuchando su voz, cuando, en realidad, la habilidad más importante que podemos desarrollar es la capacidad de sentir su presencia amorosa.

Con tan solo decir estas palabras mágicas, ya sea para nosotros mismos o en voz alta —lo que mejor te haga sentir a ti—, tu corazón se abrirá, permitiendo que tu ángel amoroso se acerque a ti más que nunca. Inténtalo ahora:

> Activa tu energía frotándote con fuerza las palmas (o de la manera que prefieras).
>
> Después, cuando tengas las manos calientes, coloca una en tu corazón y otra en tu vientre.
>
> Respira profundamente varias veces.
>
> Cuando te sientas más tranquilo, pronuncia la siguiente oración. Cada vez que digas una línea, cierra los ojos y permítete sentir todas las emociones que puedan aflorar.

> Invoco a mi ángel.
> Invito la presencia de mi ángel.
> Le doy la bienvenida a mi ángel.
> Sienta muy bien estar en contacto con mi ángel.
> Mi ángel está ahora conmigo.
> Mi ángel me guía en el camino.
> Mi ángel me protege.
> Mi ángel me protege.
> Mi ángel me protege.
> Que así sea.

Realiza esta práctica tanto como desees. Deja que tu ángel se acerque y te abrace tanto en los días buenos como en los difíciles. Él está contigo. Tú eres su propósito. Los seres celestiales están aquí para ti.

Aquella lectura me condujo a este bello ritual. Conocer a Nessa y a su hija, en su forma angelical, también me ayudó a ver que los seres queridos que nos dejan, especialmente los niños, pueden convertirse en ángeles que cuidan de sus familias.

En algunas tradiciones budistas de Japón, los seres queridos pueden convertirse en budas personales después de su muerte[2]. Esto mismo puede verse en muchas otras creencias de todas partes del mundo. El Día de Muertos, en México, es una fiesta tradicional que tiene lugar en otoño y que celebra la conexión permanente entre aquellos que han pasado al otro mundo y quienes todavía están aquí. La gente prepara ofrendas en hermosos altares con velas, flores y objetos que tengan algún significado particular para sus seres queridos, que ahora están en el mundo de los espíritus y que, con suerte, les harán una visita. Estas reuniones son muy alegres.

Hay numerosas y variadas costumbres alrededor del mundo que consisten en mantener cerca a los espíritus de los seres queridos fallecidos. Me siento honrado de poder servir a veces como intermediario. Espero que a Nessa, que perdió a su hija al nacer, nuestra lectura le proporcionara un pequeño consuelo, aunque sé que no hay nada que pueda compensar su pérdida.

En los años que llevo haciendo lecturas individuales privadas, he visto a mucha gente que ha sufrido pérdidas. ¿Qué esperan encontrar esas personas que acuden a mí? La mayoría de las veces, por supuesto, a los seres queridos que han perdido. Y es brutal. Sé que ponerse en contacto con almas que están al otro lado puede parecer una locura y dar miedo. A veces este tema se trata como un espectáculo de feria: «¡Da un paso adelante y conoce a tu ángel!». Pero lo cierto es que, al hacer este tipo de trabajo espiritual —y estando vivo—, sale a la luz una gran cantidad dolor y pérdida. Esa es una de las razones por las que soy tan partidario de evitar la positividad tóxica, ya que esta no es de mucha ayuda ni tiene grandes fundamentos. Esta perspectiva será inaceptable mientras haya sectores de población cuyas tierras no paran de ser arrebatadas, o colectivos que llevan siglos oprimidos, o personas que sufren maltrato, discriminación y miedo. Mientras haya gente que padece todo tipo de enfermedades —incluyendo aquellas que son invisibles para el resto—, que se enfrenta a barreras por sus discapacidades, que vive en zonas de guerra o que atraviesa hambrunas o desastres naturales.

Otra razón es esa mujer frente a mí que me enseña una fotografía de la tumba de su hija, a la que nunca llegó a ver crecer.

———————— ◆ ————————

Creo que las almas de los niños que fallecen
se convierte en ángeles para sus padres.

————————————————————

Considero que, en cierto modo, cualquier ser querido tiene la capacidad de convertirse en un guía. También creo que podemos encontrar consuelo en la idea de que nuestros familiares y amigos fallecidos todavía están de alguna manera cerca de nosotros. ¿Quién soy yo para arrebatarle eso a alguien? Por mucho tiempo que me pase con los ángeles, no soy uno de ellos. Sé lo que es sufrir una pérdida. Todo este tema surgió por el fallecimiento de mi abuela y la ruptura de mi familia cuando solo llevaba unos pocos años viviendo en este planeta.

◆ ◆ ◆

Me gustaría contarte la historia de otro ser querido que me hizo una visita extraordinaria. Me refiero a ello como «La historia de Coney Island», aunque, cuando oí hablar por primera vez de Coney Island —que fue durante esa lectura—, no tenía ni idea de dónde estaba ni de lo que era. Me preguntaba si sería una isla remota en medio del océano. Me sorprendió gratamente saber que es como el Palacio Marina de Brighton, pero en Nueva York: atracciones, algodón de azúcar y picoteo junto al mar. ¡Qué divertido!

Bueno, pues me encontraba en la sala de reuniones que solía alquilar por aquel entonces en Glasgow, en un edificio del centro que ofrecía oficinas privadas para alquilar por días. En el pueblo donde vivía, la gente acudía a mi casa para que le echara las cartas, pero a veces también citaba a otras personas en la capital cobrando una tarifa más alta.

Estábamos a finales de noviembre o principios de diciembre, y esa noche se encendían las luces navideñas en el centro de la ciudad. Las calles festivas estaban llenas de gente, y una mujer llamada Wendy entró en esa oficina sin ventanas.

Mientras me preparaba para hacerle la lectura, dos ángeles aparecieron en mi mente como si fueran dos luces doradas. Sentí que estaban abriendo paso a la madre de esta mujer.

Wendy se emocionó al saberlo.

La mujer que vino tenía el pelo de color arena y lucía un corte de tazón algo largo. Se la describí a Wendy.

—Sí, esa es mi madre —dijo mientras asentía.

—Tu madre se encuentra bien y es feliz —respondí yo. Pero entonces oí un sonido un tanto inquietante, y le pregunté—: ¿Sufría enfisema?

—En efecto, sí —confirmó Wendy.

—Quiere que sepas que ya no tiene dolores, y necesita hablarte de tus dos hermanas.

—Yo solo tengo una hermana.

Le transmití el mensaje a los ángeles, pero seguían diciendo: «Dos hermanas. Dos hermanas».

—Me insisten en que te diga que tienes dos hermanas. ¿Por qué tanto empeño? ¿Se refieren a dos hijas? ¿Qué es ese dos?

—No lo sé. Yo solo tengo una hermana.

Decidí dejarlo pasar. Es lo que suelo hacer cuando digo algo que no encaja: lo dejo pasar y a veces le digo al cliente que tome nota de lo sucedido. Eso mismo iba a hacer cuando Wendy me interrumpió:

—Eso que has dicho es muy raro.

—Vale —respondí—. ¿Por qué?

—Mi hermana vive en Canadá y hace poco fue a ver a un practicante chamánico.

En aquella época, yo no sabía nada sobre chamanismo. Desde entonces he descubierto que los chamanes se encuentran en la mayoría de las culturas y tradiciones, y son básicamente trabajadores místicos, curanderos y espiritistas que ayudan a la gente por medio de la naturaleza y los seres espirituales.

—Y él también le dijo que tenemos otra hermana.

—Sí que es raro —afirmé—. Voy a tratar de conseguir más información.

Anoté lo que me llegó:

MAY BROWN.

CONEY ISLAND, NUEVA YORK.

MIRIAM.

Le entregué a Wendy el trozo de papel.

—Quizá esto pueda decirte más, si es que quieres seguir investigando.

—Gracias.

Continuamos la lectura y pasamos a otros temas. Atendí las visitas programadas y disfruté de las luces navideñas de George Square antes de regresar a casa.

No me acordé más de esa sesión hasta que, varias semanas más tarde, el editor de *The Scottish Sun* me dijo:

—¿Le contaste a una mujer que tenía una hermana?

Me encogí de hombros. ¿Que alguien tenía una hermana? Parecía algo bastante normal.

—No lo sé —contesté.

—¿Le dijiste a alguien en una lectura que tenía una hermana de la que no *sabía* nada?

—Eso me suena —dije.

—¡Pues la encontraron, joder! ¡Encontraron a su hermana! —El editor parecía bastante agitado.

Wendy había escrito al periódico para contarnos la historia y darnos su teléfono, así que la llamé de inmediato.

—Traté de ponerme en contacto contigo —me dijo—, pero no había manera de localizarte, así que pensé: «Voy a escribir a *The Scottish Sun*».

—Vale —respondí—. ¿Qué ha ocurrido?

Al parecer, antes de que naciera Wendy, su madre había tenido otra hija. Por aquel entonces ella era muy joven, y la que mujer que atendió el parto, cuyo nombre era May Brown, le dijo que el bebé había muerto al nacer. Pero en realidad la recién nacida fue vendida en el mercado negro y llegó a parar a una familia judía en Coney Island, Nueva York. La familia adoptiva no sabía que habían mentido a la madre. Por lo visto, yo había escrito con exactitud el nombre de su hermana. Sarah había crecido sin guardar ningún parecido con el resto de su familia, y siempre se había preguntado el motivo. Un día acudió a una lectura donde le dijeron: «Tu madre biológica está en el cielo y tus dos hermanas te están buscando».

Las tres hermanas habían acudido a diferentes médiums, y la madre se había comunicado con todas ellas de distintas maneras, pero con el mismo mensaje. Las almas de nuestros seres queridos fallecidos habitan el mismo lugar que los ángeles y pueden colaborar con ellos para traer armonía y sanación a quienes están en la Tierra. Este es un gran ejemplo de ello.

Ambas historias tratan sobre un bebé perdido: uno que había abandonado este mundo antes de nacer, y otro que había crecido lejos de su madre y sus hermanas antes de ser encontrado. Me encantaría decir que esta es una historia con final feliz, y en cierto modo lo es. Las hermanas pudieron reunirse gracias a la perseverancia de su madre tras la muerte. Sin embargo, sus personalidades chocaban, y lo último que sé de ellas es que no habían sido capaces de solucionarlo. Me encantaría dejar de lado esa parte de la historia y terminar con broche de oro, pero ya sabes, *autenticidad*. Y nuestro mundo humano es un desastre, ¿verdad?

◆ ◆ ◆

Antes de perder el hilo de mi argumento, hagamos un pequeño repaso. Desde los textos apócrifos hasta la madre que contactó con sus tres hijas a través de los ángeles, pasando por la mujer cuya hija se había convertido en ángel, tenemos indicios que indican que los límites entre humanos y ángeles no están tan definidos como muchos expertos en ángeles quieren hacernos creer.

Por muchas respuestas que encontremos, siempre habrá nuevas preguntas. Debido a todo lo que he aprendido y experimentado a lo largo de mi vida, ahora creo que quizá los humanos sí que puedan ser ángeles. Pero me gustaría concluir este capítulo contándote algo de lo que sí estoy seguro: los ángeles han estado con nosotros durante toda nuestra vida. Desde el momento en que nacemos, e incluso antes. Tu ángel de la guarda es un ser de luz que ha estado a tu lado desde antes de tu encarnación.

Antes de nuestras familias, teníamos a nuestros ángeles. Así de antiguos son. Tengo la creencia de que, antes de tener esta vida, de habitar estos cuerpos, bailábamos entre las estrellas con ellos. La llamada a conectar con nuestro ángel en esta vida podría considerarse un interés espiritual, un deseo de sanar, un anhelo de profundizar. Pero creo que también supone desenterrar un recuerdo de lo que estaba aquí antes de este cuerpo.

———————— ◆ ————————

Al conectar con nuestros ángeles, sintonizamos
con el recuerdo de una época anterior
a nuestro nacimiento, algo sagrado y antiguo.

A veces no logramos identificar el motivo por el que nos sentimos impulsados a aprender sobre estos seres o por qué sabemos que están ahí. Por mucho que queramos, no hay una grandes evidencias ni datos científicos que demuestren la existencia de los ángeles. Pero algo nos hace sentir que son reales, y creo que ese sentimiento es el resultado de haber tenido ya algún contacto con ellos. Por este motivo, aunque al principio nos parezcan intimidantes cuando nos visitan, también nos resultan familiares. Por eso también sentimos una especie de armonía inmediata con ellos, como si estuviéramos recordando una canción de nuestra infancia, antes de que nuestra abuela muriera, antes de que nuestro padre se fuera. La melodía está profundamente arraigada en nuestros huesos, incluso aunque no podamos descifrar las palabras.

No nos encontramos tan lejos de los ángeles; ellos siempre han estado a nuestro lado. Son algo que recordamos de cuando estábamos en el cielo. En cuanto les damos la bienvenida, es como si los recibiéramos *de nuevo*. Volvemos a ser a quienes éramos antes. De vuelta en casa. En un lugar de protección.

SIEMPRE TIENES PODER DE ELECCIÓN

Algunos sectores, como las matemáticas, proporcionan respuestas claras. Al menos al principio. A medida que profundizas en las matemáticas, entras en un terreno más difuso. Como quizá recuerdes, yo no llegué tan lejos. Dejé el instituto del todo a los dieciséis años, cuando me fui de aquella clase de matemáticas. Por cierto, creo que no te he contado el resto de la historia.

Aquel día fui el primero en llegar a casa. Mi madre tenía turno de tarde en el aeropuerto y trabajaba hasta las 22h, así que la llamé.

—He dejado el instituto —le solté en cuanto respondió.

—¿Has salido antes hoy?

—No —expliqué—. No voy a volver.

Mi madre me dio una semana para encontrar trabajo. Creo que intentaba asustarme para que volviera a los estudios, pero eso no pasó. En el periódico local, encontré una oferta de empleo de una peluquería que iba a abrir un balneario holístico y que buscaba ayudantes para trabajar en su nuevo espacio. Decidí ir a ver si podía hacerme con uno de los puestos. Me incorporé el lunes siguiente.

Después de lavarle el pelo a los clientes, les daba un masaje. Siempre llevaba la baraja de ángeles en el bolsillo de mi delantal; dejaba que sacaran una carta para inspirarme y entonces, si querían, les ofrecía una minilectura. A los dueños les encantaba la idea porque sus clientes estaban entretenidos. Ganaba 60 libras a la semana por una jornada laboral de 39 horas, más las propinas que recibía gracias a mis épicos masajes y a mis habilidades para echar las cartas.

Hay ciertas cosas que me llevan de vuelta a aquella época. Como el olor de la cartas de ángeles—mi primera baraja, que sigue entera gracias a la cinta adhesiva—. En realidad, ese olor me lleva aún más lejos: a mi decimoquinto cumpleaños, a aquella librería que vendía mazos de tarot y otras cosas mágicas y estupendas. Era la librería Borders, en plena calle Buchanan, en Glasgow. Cómo me gustaba aquel enorme lugar de cuatro plantas donde la gente iba a resguardarse durante la lluvia, a hacer amigos, a tomar un café y, por supuesto, a comprar libros.

Estaba un poco perdido antes de elegir la primera carta, *Sincronicidad*. Aunque, a decir verdad, ¿quién no está un poco perdido a los quince? Es una época de profunda metamorfosis. Al menos así fue para mí.

Otro período de cambios acelerados se dio mientras trabajaba de DJ y en el hotel, que fue cuando vi aquella pluma blanca caer del libro de Diana Cooper acerca de los ángeles. Tras esto, vi a mi propio ángel de la guarda y finalmente recibí la llamada de *The Scottish Sun* pidiéndome que escribiera una columna sobre esos seres maravillosos. Fue en ese momento cuando regresé al mundo de los ángeles.

Un par de semanas después de empezar a trabajar en el periódico, fui a conocer al redactor jefe, o, como todos lo llamaban, «el Gran Jefe». Aunque era el tipo que mandaba, era mucho más agradable y cercano que el editor de contenido al que yo rendía cuentas.

—¡Bienvenido a *The Scottish Sun*, Kyle! —me dijo mientras me hacía pasar a su despacho, situado en la planta superior, que tenía unas puertas de vidrio esmerilado y una vista increíble de los tejados de Glasgow—. Pensé que estaría bien charlar un poco antes de presentarte a nuestros lectores. Como sabes, el grupo News of the World tiene un gran reconocimiento, por lo que no podemos arriesgarnos a que uno de nuestros columnistas tenga secretos que el grupo no quiera que salgan a la luz.

«Oh, Dios —pensé para mis adentros—. Todos van a saber que soy...».

—Así que cuéntame —añadió—. ¿Guardas algún secreto escondido en el armario?

Bueno, la verdad es que dentro del armario no había nada, a excepción de *mí mismo*. Decidí irme a casa de inmediato para salir del armario con mi madre. No quería que ella se enterara por terceros. Nadie me expondría; sería yo quien me diera a conocer.

Cuando llegué a casa, mi madre estaba tumbada en el sofá de cuero de color crema mientras veía, como era habitual en ella, *The Real Housewives*.

—Tengo que contarte algo —le dije al sentarme a su lado.

Mi madre apagó la tele y se incorporó en el sofá para verme bien.

—Soy gay, mamá —le dije—. Y quería ser el primero en contártelo.

—Ya lo sé —me dijo—. Llevo un tiempo imaginándomelo, desde que me dijiste que no estabas seguro cuando eras más joven.

Yo no dije nada, pero unas lágrimas de alivio empezaron a recorrer mis mejillas.

—Gracias por contármelo —añadió—. Nada cambiará nunca lo mucho que te quiero.

Lo cierto es que a nadie le interesaba mi sexualidad, ni al gran jefe ni a los lectores del periódico, aunque yo no lo sabía. Apenas lo había aceptado del todo yo mismo. Y en realidad no comencé a tener citas hasta unos años más tarde, cuando tenía veinticuatro. ¿Te acuerdas de esa hipotética persona sobre la que escribí que era gay y todos lo sabían menos él? ¿Y que después, cuando por fin aceptó quién era de verdad, empezó a brillar? Quizá esa persona era yo.

Lo que sentí entonces es lo mismo que pienso ahora: «Quiero hacer un buen trabajo para los ángeles». Si no soy auténtico, no podré desempeñar ese papel. Debo ser genuino, aunque eso me haga vulnerable. De lo contrario, surgirá algún bloqueo. Habrá interferencias en el canal. ¿Cómo voy a escribir sobre la importancia de la autenticidad si no puedo aceptar quién soy?

¿Recuerdas cuando te conté que últimamente no paraba de sacar la misma carta una y otra vez? Era la del ángel Amatista: *Metamorfosis*. La sacaba, la volvía a meter en el mazo, barajaba y la sacaba de nuevo. Lo mismo ocurría al día siguiente. Cuando recibes la misma señal repetidamente, dicha señal apunta que hay algo que necesitas sanar, cambiar, aceptar o dejar ir...

Por tanto, sé que me encuentro de nuevo en un período de transformación en mi trabajo y en mi vida.

Esto no implica necesariamente que deba aspirar a algo más grande. De hecho, ya he rechazado algunas oportunidades interesantes. Me preocupa estar subiéndome a un pedestal y tal vez dar la impresión de que puedo ver cosas que otros no pueden. Como bien sabes, eso no es cierto. Además, *ver* ángeles no es tan importante como *experimentarlos*, sin importar cómo ocurra.

Aunque desde hace un tiempo se me considera un «experto» en ángeles, a diario descubro información que me conduce hacia una experiencia cada vez más profunda de estos misteriosos seres. En este libro he tratado de describir como mejor he podido algunos de mis encuentros, pero ningún relato que yo pueda contarte podrá jamás hacer justicia a lo que se siente cuando somos conscientes de la presencia de un ángel.

Hubo una vez que tuve que tomar una decisión: marcharme de una clase de matemáticas o quedarme donde estaba; acoger a los ángeles o dejarlos a un lado. María de Nazareth también tenía poder de elección. Y la mujer que se cambió de carril porque se lo dijo una voz. Ezequiel tuvo que elegir, y eligió transmitir la visión que había recibido.

Estar en conexión con los ángeles abre un camino hacia la sanación, la devoción y el amor. Es el camino más poderoso que conozco. Pero siempre tendrás poder de elección. Antes he hablado acerca de la gente que se beneficia de que sigamos sin conocer nuestro propio poder. Dar la bienvenida a un ángel no supone una pérdida de poder, por mucho que te hayan contado. Más bien te otorga un *mayor* control sobre tu vida: más opciones, más claridad y más amor.

Yo ya no vivo en un áspero pueblo costero de Inverclyde. Cuando tenía veinte años me mudé a la ciudad, y después mis padres también terminaron yéndose. Ahora me encuentro en un tranquilo pueblo escondido entre la ciudad y las montañas. Se puede ver Glasgow desde la colina si subes lo bastante, pero sobre todo se ven árboles y lagos.

A veces el clima es duro. Pero en interiores hay un espacio de calma y una verdad que yo siempre he sabido: no estamos solos. Compartir a los ángeles con otras personas me lleva a tener yo mismo una relación más profunda con ellos. No sé qué me espera al otro lado de esta metamorfosis, pero sí sé que agradezco haber sido invitado a formar parte de la luz, el amor y la curación que hay en el mundo.

¿Me acompañas?

Recuerda, siempre puedes elegir.

Y, sea cual sea tu elección, los ángeles estarán contigo.

Los ángeles ya están contigo.

Notas

Capítulo 2: No tengas miedo

[1] Warner, M., *Alone of All Her Sex: The Myth and Cult of the Virgin Mary*, Oxford, Oxford University Press, 2013.

[2] Andrew, E. J., *Writing the Sacred Journey: The Art and Practice of Spiritual Memoir*, Boston, Skinner House Books, 2005.

Capítulo 3: ¿Quiénes son los ángeles?

[1] AP-Norc, de la Universidad de Chicago, «The University of Chicago: The May 2023 AP-NORC Center Poll», 2023: https://apnorc.org/wp-content/uploads/2023/07/May-Omnibus-2023-Topline-Belief-in-Angels-.pdf. [Consultado el 20 de septiembre de 2024].

[2] McKeithen, L., «New Survey Finds over Half of Americans Believe Angels Exist», 2023: www.beliefnet.com/columnists/christnewstoday/2023/08/new-survey-finds-over-half-of-americans-believe-angels-exist.html. [Consultado el 20 de septiembre de 2024].

[3] Guerin, S., y Bigley, N., «Angelic Encounters Study Results», 2023: https://static1.squarespace.com/static/6431b0f54521691153def4f0/t/659b68b2f6b7f77b0b131ca4/1704683698918/Angelic+Encounters+Study+Results+2023.pdf. [Consultado el 9 de septiembre de 2024].

[4] Bible Society, «A Third of all Brits Believe in Guardian Angels», 2016: www.biblesociety.org.uk/latest/news/a-third-of-all-brits-believe-in-guardian-angels. [Consultado el 9 de septiembre de 2024].

[5] Moorjani, A., *Morir para ser yo. Mi viaje a través del cáncer y la muerte hasta el despertar y la verdadera curación* (trad. de Puerto Barruetabeña Diez), Móstoles, Gaia Ediciones, 2025.

[6] *Ibíd.*, p. 209.

Capítulo 5: Los ángeles a lo largo del tiempo

[1] Ezequiel 1,4-14.
[2] Reburn, L., y Tresniowski, A., *The Girl Who Saw Heaven: A Fateful Tornado and a Journey of Faith*, Nueva York, Simon & Schuster, 2023, p. 87.
[3] *Ibíd.*, p. 88.

Capítulo 8: Atraer a los ángeles

[1] Kosloski, P., «Who composed the "Angel of God" prayer?», 2017: https://aleteia.org/2017/10/02/who-composed-the-angel-of-god-prayer. [Consultado el 20 de septiembre de 2024].
[2] Donnelly, D., «Lovingly Observant: An interview with Susannah Heschel», 2007: https://www.americamagazine.org/issue/618/article/lovinglyobservant. [Consultado el 1 de abril de 2024].

Capítulo 9: Hablando con los ángeles

[1] Williamson, M., *Volver al amor: basado en los principios de Un curso de milagros*, (trad. de Javier Gramajo López), Barcelona, Urano, 1993, p. 208.

Capítulo 10: Señales de los ángeles
[1] Mahany, B., *The Book of Nature: The Astonishing Beauty of Gods First Sacred Text*, Minneapolis, MN, Broadleaf Books, 2023.
[2] Nepo, M., *The Little Book of Awakening: 52 Weekly Selections*, Newburyport, MA, Red Wheel, 2024, p. 54.

Capítulo 11: Pueden los humanos convertirse en ángeles?

[1] Génesis 5,24.
[2] Arai, P., y Iyer, P., *The Little Book of Zen Healing: Japanese Rituals for Beauty, Harmony, and Love*, Boulder, Colorado, Shambala, 2023.

Bob Rafferty

Sobre el autor

KYLE GRAY ha vivido encuentros espirituales desde una edad muy temprana. Con apenas cuatro años, el alma de su abuela le hizo una visita desde el más allá. Durante su infancia, Kyle siempre tuvo la capacidad de oír, sentir y ver todo aquello que escapa a los sentidos naturales, lo que finalmente lo llevó en su adolescencia a descubrir el poder de los ángeles y la energía espiritual.

En la actualidad, Kyle es uno de los expertos en ángeles más reconocidos del mundo, y dedica su vida a ayudar a otras personas a descubrir sus habilidades espirituales. Gracias a su agudo ingenio, su necesidad de saber la verdad y sus magníficas capacidades intuitivas, se ha convertido en uno de los maestros más prestigiosos de su sector, y las entradas para sus charlas se agotan por todo el mundo. Kyle cree firmemente que todos somos capaces de experimentar una conexión espiritual, y dedica su tiempo a ayudar a la gente a cambiar su energía y a profundizar su relación con lo divino.

Kyle vive en Glasgow, Escocia. Trabaja como profesor sénior de yoga y pertenece a la asociación Yoga Alliance Professionals. También imparte cursos de formación en línea y a través de

Angel Team Community. El escritor superventas tiene nueve libros publicados y es el cocreador de nueve barajas de cartas de oráculo.

kylegray.co.uk

@kylegrayuk

@kylegrayuk

@kylegrayuk

ÁNGELES Y NÚMEROS

Mensajes y significado angélico de los números desde el 0 al 999

KYLE GRAY

Los ángeles son mensajeros divinos que, de una forma u otra, han existido en prácticamente todas las religiones y culturas desde el principio de los tiempos y que ahora, en la era digital, tienen nuevas maneras de recordarnos nuestra verdad superior.

ÁNGELES Y ANCESTROS

Libro y cartas oráculo

KYLE GRAY

La misión de los ángeles siempre ha sido amar, ayudar y guiar a la humanidad desde el plano divino. En el plano terrenal, los ancestros son los sabios, sanadores y guerreros que desde el inicio de los tiempos nos han ofrecido su conocimiento, su experiencia y su magia.

ACTIVACIONES ANGELICALES. ORÁCULO

44 Cartas y Libro guía

KYLE GRAY

Activaciones angelicales te permitirá conectar con los ángeles y recibir al instante su apoyo y sabiduría.

La baraja actúa como un puente hacia el reino celestial, así que déjate guiar por tu intuición y escoge una de las 44 cartas que componen el mazo: la figura que aparezca será la del ángel que, en este momento, tenga un mensaje para ti.

GRUPO GAIA

Para más información
sobre otros títulos de
ARKANO BOOKS

visita
www.grupogaia.es
Email: grupogaia@grupogaia.es
Tel.: (+34) 91 617 08 67